병원
상담의
품격

병원 상담의 품격

초판 1쇄 2023년 07월 13일

지은이 최이슬 | **펴낸이** 송영화 | **펴낸곳** 굿웰스북스 | **총괄** 임종익

등록 제 2020-000123호 | **주소** 서울시 마포구 양화로 133 서교타워 711호

전화 02) 322-7803 | **팩스** 02) 6007-1845 | **이메일** gwbooks@hanmail.net

© 최이슬, 굿웰스북스 2023, *Printed in Korea*.

ISBN 979-11-7099-002-4 03320 | 값 **16,800원**

환자를 내 편으로 만들고 매출이 오르는

병원
상담의
품격

최이슬 지음

굿웰스북스

스스로가 믿어지지 않는다면

병원 상담에 정답은 없다. 하지만 길은 있다. 환자의 마음을 사로잡아 내 편으로 만드는 상담법. 상담은 단순히 '병원 입장'에서의 '환자 설득'이 아니라 환자도 좋은 진료를 받고, 병원도 환자에게 맞는 최선의 치료법을 제안하는 서로 윈윈 전략이다.

그동안 상담의 전반적인 방법은 알았지만, 환자의 마음을 여는 '상담 대화법'이 궁금했다면 이 책에서 답을 찾을 수 있을 것이다.

부족한 부분이 있을 수 있습니다.

많은 성공과 실패를 통해 분명 부족하고 모자란 부분에 대해 스스로가 잘 알고 있을 것이다. 괜찮다, 그 실패들은 경험이 되었다. 어떤 '실패'도 실패가 아닌 '과정'일 뿐이다.

열심히 임한 그 순간순간에 배우고 성장한 부분이 분명히 있기 마련이다. 그렇게 채워나가다 보면, 어느샌가 단단하게 성장한 나의 모습을 발견할 수 있을 것이다.

스스로를 믿기 어려울 수 있습니다.

하지만 스스로를 '과소평가'하지 말자. 당신이 지레짐작한 것 보다, 당신은 더 많은 자원을 가지고 있는 인재다. 그것은 많은 경험이 될 수도, 넉살이 될 수도, 목소리가 될 수도, 센스나 눈치가 될 수도, 전문지식이 될 수도 있다.

스스로를 믿기 어렵다면, 나를 믿어보라. 지금보다 더 성장하기 위해 이 책을 읽는다는 것만으로도 충분히 발전 가능성이 있다고 생각한다.

그래도, 스스로를 믿는 연습을 해나가 보세요.

어느 날 아침, 갑자기 스스로에 대한 믿음이나 자신감이 생기지 않는다. 그 믿음을 꾸준히 연습해보자. 어느 날엔가 분명,

'환자 앞에서'

'보호자 앞에서'

'원장님 앞에서'

'직원 앞에서'

'거울 앞에서'

당당해진 나를 발견할 수 있을 것이다. 그 첫 시작이 이 책으로부터 비롯된다면, 더할 나위 없이 보람차고 기쁠 것이다.

프롤로그 스스로가 믿어지지 않는다면   005

1장 환자를 끌어당기는 병원 상담의 7가지 비밀

1. 상담에 제한 시간을 두지 마라   017
2. 상담 동의율에 매이지 마라   023
3. 쇼핑환자의 마음을 사로잡아라   029
4. 실력 없는 원장님 vs 서비스 마인드가 떨어지는 원장님   035
5. 열심히는 하는데 홀딩이 안 되는 이유   041
6. 상담의 장애물을 찾아라   046
7. 당신의 상담을 심플하게 할, 체크 포인트   052

2장 환자가 다른 병원을 선택하는 사소한 이유

1. 우리 병원만의 특별한 소개 인사말을 만들어라   067
2. 왜 '우리' 병원에서 '지금' 치료해야 하는가? 3WHY를 공략하라   072
3. 비싼 가격에 망설이는 환자?   078
4. 상담의 본질을 찾아라   085
5. 환자는 당신이 '전문지식을 뽐내는 것'을 들으러 온 것이 아니다   090

3장 환자의 마음을 사로잡는 병원 상담의 법칙

1. 상담자의 콘셉트를 먼저 잡아라   103
2. 상담 성공률을 좌우하는 신뢰와 호감을 얻는 법   108
3. 상담주인공은 상담가가 아닌 '환자'다   114

4. 질문으로 환자의 니즈를 파악하라 119

5. 환자를 무조건 오게 만드는 전화 응대법 125

6. 상담의 결정권은 '치료결정권자'에 달렸다 130

4장 상담이 쉬워지는 결정적 프로세스 6단계

1. 1단계 : '인사' 하나로 이미지를 각인시켜라 143

2. 2단계 : 니즈와 원츠, 그 사이를 캐치하라 148

3. 3단계 : 환자가 고민하는 원인을 제거하자 153

4. 4단계 : 스스로 말하게 하라 159

5. 5단계 : 클로징의 타이밍을 잡아라 163

6. 6단계 : 끝날 때까지 끝난 게 아니다 168

5장 진짜 고수는 컴플레인 환자의 신임을 얻는다

1. 컴플레인과 클레임, 그 오묘한 차이 177

2. 진상 환자와 그냥 좀 예민한 환자를 대처하는 법 182

3. 컴플레인 해결 4단계 프로세스 187

4. 불만 고객을 '내 편'으로 확보하는 8가지 방법 193

5. '컴플레인 타임라인'을 그려라 202

6. 컴플레인 사후관리로 우리 병원 찐 환자 만들기 211

7. 우리 병원 맞춤 컴플레인 예방 시스템 구축하기 222

에필로그 스스로의 품위를 높여라 235

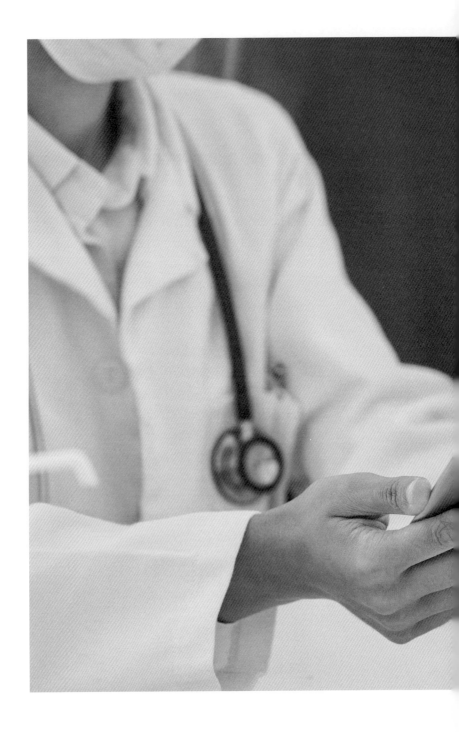

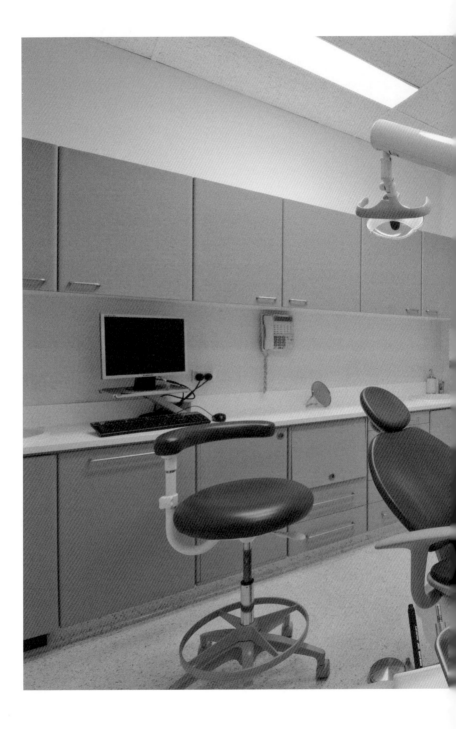

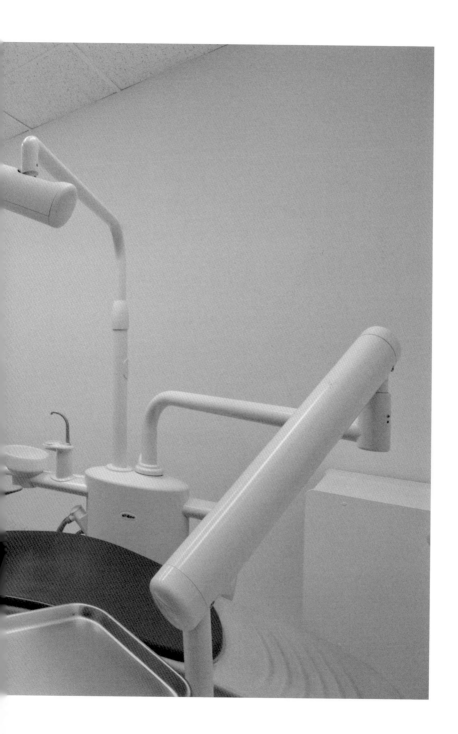

1장

환자를
끌어당기는 병원 상담의
7가지 비밀

1

상담에 제한 시간을
두지 마라

"예전에 상담 세미나를 들었을 때, 20분 안에 동의해야 한댔어요."

상담 컨설팅을 하다 보면, 상담에 대해 전혀 모른 채 바로 실무에 뛰어든 사람과 세미나를 들으며 공부해서 실무에 뛰어드는 사람으로 나뉜다. 전자의 경우에는 주로 본인이 뭘 말해야 하는지부터 막막하고, 후자의 경우에는 말은 곧 잘하지만, 세미나 속 강사의 프레임에 갇혀 있는 경우가 종종 있다. 특히 '상담 제한 시간'이 그렇다.

한때 상담의 제한 시간을 10~20분으로 두는 강의들이 많았다. 환자

사례 별로 다르지만 한 명 상담하는 데 20분 이상 소요해서는 안 된다고 말한다. 이런 시간제한은 아마도 진료 시간 때문일 것이다. '빠르게 동의를 구하고 빠르게 진료해서 빠르게 매출을 올린다.'가 키포인트였던 것이다. 이 시간제한의 임팩트가 강해서인지 몇몇 의사들도 상담실장의 상담이 20분을 넘기면 무능하다고 말하기도 했다.

 하지만, 환자의 생각도 그럴까?

 설명해야 할 양은 많고, 하나하나 사례도 설명해줘야 하고, 보여줘야 할 자료도 많은데 20분 안에 완료하려다 보니 랩을 하게 된다. 마치 ARS 전화 상담을 듣는 기분이다. 대화란 모름지기 서로 눈을 마주치고 질문하고 답을 하며 라포를 쌓아가는 과정인데, 그런 과정은 모두 생략되는 것이다. 환자가 이해하든 말든 자기 할 말만 하니 환자는 도대체 자신이 무슨 얘기를 들었는지 도통 기억나지 않는다. 기억나는 거라고는 오직 '금액'뿐이다. "그래, 좋다는 건 알겠는데 그래서 얼마라고?"가 되는 거다. 이는 우리병원에서 꼭 진료 받아야 하는 why를 '금액'에서 찾게 되는 결정적 이유가 된다.

 환자가 원하는 천만 원, 이천만 원의 가치를 단 10분(Just One 10 Minutes) 만에 보여줄 수 있다니. 이효리도 아니고 어떻게 환자를 유혹할 것인가? 치과 상담도 세일즈라지만, 시대가 변했다. 환자는 더 이상

'잘하기만 하는' 병원을 찾지 않는다. 나를, 내 가족을 '잘 봐줄' 병원을 찾는다.

사실 환자 입장에서는 대학병원 미만으로 생각했을 때, 큰 병이 아니고 꼭 저명한 대학교수에게 치료 받아야 하는 것이 아니라면 다니기 편하고 마음이 편한 곳으로 가기 마련이다. 물론 저렴한 비용이 빠질 수야 없겠지만, 그것만이 1순위가 되지는 않는다.

매년 초 신문 기사와 공중파 뉴스를 통해 새로 개원하는 병의원 수가 우후죽순으로 늘고 있는 것을 알 수 있다. 실제로도 체감할 것이다. 한 건물에 치과, 성형외과, 피부과, 한의원, 정형외과 등이 가득한 메디컬센터는 고개만 돌리면 보이는 수준이다.

치과만 해도 그렇다. 예전에는 근처에 치과만 하나 더 생겨도 앓는 소리가 절로 나왔는데, 이제는 바로 옆 건물도 아니고 바로 위층에 치과가 하나 더 생기는 추세다. 건물 하나에 치과 하나만 있어도 치열한 경쟁 때문에 힘들었는데 이제는 층만 다르지, 건물에 치과가 2~3개인 곳도 허다하다.

이 많은 치과가 모두 다 잘 될까? 그렇지 않다. 우후죽순 생기는 치과 수만큼 폐업하는 병원도 늘고 있다. 이 전쟁터 같은 곳에서 살아남기 위해서는 무엇보다 환자의 마음을 사로잡는 것이 중요하다. 이는 상담 실장의 역량과도 직결되어 있다. 다만 상담 실장 하나의 역량만으로는 절대 만들어질 수 없다. 환자가 처음 병원에 들어서는 순간부터 직원이 호명하는 것, 체어에 안내하는 것, 대기하는 것, 원장님의 진단과 설명, 그리고 상담까지. 모든 것이 상담실에서 상담을 시작하기 전에 이루어지는 '평가'이다.

물론 간판을 보고 바로 들어오는 환자들도 있지만, 전체 견적을 냈을 땐 이야기가 달라진다. 언제든지 그 환자가 다른 치과와 비교를 한 뒤 치료를 결정할 수 있다. 백화점에서도 입어보고, 들어본 다음 아울렛이나 인터넷으로 좀 더 저렴하게 사는 것처럼 환자도 '본인이 치료받을 병원'을 고민해 보는 것은 당연하다.

10만 원, 20만 원이어도 고민할 일인데 1,000만 원을 써야 한다면 당연히 신중해질 수밖에 없다. 더군다나 내 입안에서, 내 몸 안에서, 내 얼굴에서 벌어지는 일이니, 병원 홈페이지나 후기를 보고, 주변 지인들에게도 추천받으며 꼼꼼히 따져볼 수밖에 없다.

만약, 5분 안에 상담 동의를 했다면 상담자가 잘 설명해주었을 수도 있지만 소개로 와서 그 병원에 대한 신뢰가 있거나, 원장에 대한 신뢰가 있거나, 이미 치료를 마음먹고 왔을 가능성이 크다.

상담 시간은 중요하지 않다. 환자와 대화하다 보면 1시간을 넘기기도 한다. 단 10분 상담으로 시간은 맞췄지만, 환자가 동의하지 않고 떠나가거나 딱 할 치료만 하고 더 이상 하지 않는다거나, 고민해 보겠다고 하고 돌아간다면 성공한 것이 아니다. 오히려 30분이든, 1시간이든 공을 들여 환자가 이해할 수 있게 차근차근 설명해서 라포를 형성한다면 지금 당장 치료하지 않더라도 몇 달 뒤에 와서 할 수도 있다. 중요한 것은 '관계 형성'이다.

나는 설명할 때 어려운 용어를 쓰지 않는다. 질문을 통해 환자가 진짜 원하는 '니즈'를 파악하고 그 니즈를 해결하는 데 집중한다. '치료 자체에 대한 설명'보다는 치료가 끝났을 때의 모습을 상상할 수 있게 하고, 치료 과정이 어떻게 진행되는지 설명한다.

틀니(denture: 다수의 치아 및 관련 구강조직 결손 시 끼웠다 뺐다 할 수 있는 인공적 대용물)를 처음 하러 온 환자가 있다고 하자. 제작과정과 제작 후 적응해가는 과정을 전혀 모른 채 내원한 환자는 계속 오라는 치과의 말에 "아니 왜 자꾸 오라고 해. 도대체 언제 완성되는 거야?"라며 화를 낼 수 있다. 어떻게 진행되는지 모르니, 실력이 없어서 오래 걸린다고 오해할 수도 있다. 그래서 '왜' 환자분에게 그러한 치료과정이 필요한지 설명해준다. 처음에 진단을 내리고, 본을 떠서 환자 입안에 맞는 맞춤형 트레이를 제작하고, 그 트레이로 틀니를 만들기 위한 정밀 본을 뜨고, 맞춰가는 과정을 설명해 드린다. 며칠마다 치과에 방문하는지, 오시면 어떤 진료를 하고 어떻게 진행되는지, 완성되고 나서는 어떻게 되는지, 단계별 준비해야 할 결제 비용까지 모두 설명해 드린다. 치료비 설명보다 불편하고, 아프고 걱정되었던 환자의 CC 해결에 더 집중한다.

그러면 환자는 그동안 궁금했지만, 병원에서 알려주지 않아 힘들었던 부분들이 잘 이해가 된다며 고마워한다. 이런 상담은 오늘이 아니라 몇 달이 지나도 생각나는 상담이다. 그래서 지금 당장 여러 가지 이유로 진행하지 않더라도 몇 달 뒤 진행하기도 하고, 다른 병원에 갔다가 다시 돌아오기도 한다.

상담에 시간제한이 있다고 생각한다면 이제 그 생각을 내려놓자. 병원 상담은 단순한 '세일즈'가 아니다. 치료는 판매하는 것이 아니다. 시간제한은 오히려 환자의 선택을 '비용'이라는 좁은 선택권으로 밀어 넣는 것과 다름없다. 우리 병원만의 가치를 전달하고, '왜' 이곳에서 해야 하는지, '왜' 지금 해야 하는지를 인식시키는 데 집중하자. 환자의 만족도는 '시간'이 아니라 'WHY'에 있다.

2

상담 동의율에
매이지 마라

"실장님, 상담이요."

혹시 이 소리만 들리면 스트레스부터 받는가? 나 역시, 이 소리에 스트레스 받았던 때가 있었다. 초보 실장일 적에는 이 말이 어찌나 긴장되던지. 환자가 병원에 내원해서 "상담 받고 싶다."라고 말하는 순간부터 초조해졌다.

생각해보면 오히려 진료 팀장이었을 때는 상담이 재미있기만 했다. 일반 스텝일 때도 나는 환자에게 말을 거는 게 거리낌이 없었다. 원래도 대화 나누는 것을 좋아했고, 어렵지 않았다. 그래서일까? 2년 차 때부터 본

격적으로 체어사이드 상담을 시작했다. 상담을 시작하면서 실력이 급상
승했고, 일을 잘한다고 인정받기도 했다. 늘 어렵지 않게 어떤 상담이든
해냈다. 주눅 들지 않고 자신 있게 말하다 보니 3년 차부터는 꽤 큰 상담
도 할 수 있게 되었다. 4~5년 차 때부터는 풀 케이스 계획을 세우고 상
담을 할 수 있게 되었다. 그리고, 한창 재미 들였을 때쯤 실장이 되었다.

아이러니하게도 실장이 되면서부터 상담이 재미없어졌다. 스태프일
때 칭찬받던 실력, 팀장일 때 인정받던 능력은 실장이 되고 나니 당연한
능력이 되어버렸다. 당연히 '잘' 해야 하고, 다른 것 또한 잘 해내야만 했
다. 그러다 보니 조금이라도 환자가 시큰둥한 반응을 보이면 초조해지기
시작했다. 그러다 "다음에 할게요.", "생각해보고 올게요." 등의 상담 보
류가 되면 내 자신이 무능력하게 느껴졌다.

분명 실장으로서 해야 할 업무는 상담뿐 아니라 응대, 대처, 보험 청
구, 경영, 시스템구축, 일반 사무업무 등 많이 있었음에도 당장 'Yes or
No'의 결과가 보이는 상담에만 집착하게 되었다.

그런 내가 어떻게 상담 동의율을 90%대까지 높일 수 있었을까? 그 이
유는 단순히 전문가다운 지식을 갖추었기 때문만도 아니고 공감과 소통
만을 중요시했기 때문도 아니다. 먼저 마음을 열고 환자에게 다가갔기
때문이다. 때로는 친구처럼, 동생처럼, 딸처럼, 조카처럼 친근감 있게 다
가가 이야기를 듣고, 감정을 공유하려고 노력했다.

환자와 라포(rapport:상호신뢰관계) 형성이 된 다음에 치료 방법에 관해 이야기했다. "환자분, 꼭 치료해야 합니다. 지금 해야 해요. 필요합니다."가 아니다. 환자의 상황에 맞는 최적의 방법을 안내했다. 어디서나 들을 수 있는 치료 방법 나열이 아니라 정확한 정보와 해결책을 이야기하려고 노력했다. 이는 충분한 지식을 터득해야, 적절한 타이밍에 환자가 원하는 정보를 제공할 수 있다. 상담하며 환자를 관찰했던 것을 토대로, 친근감과 전문성을 둘 다 어필하며 환자에게 신뢰감을 급상승시킬 수 있었다.

상담자가 상담에 부담을 느끼면, 그 부담은 고스란히 환자에게로 향한다. 스트레스도 마찬가지다. 상담자가 상담 동의율에 스트레스를 받는다면, 환자에게 그 상담 역시 스트레스가 될 수밖에 없다. 아이러니하게도, 욕심껏 동의율을 높이려면 욕심을 버려야 한다. 단계별로 차근차근 채워나가야 코어가 탄탄하고 멘탈이 탄탄해진다. 그래야 환자의 질문으로 상담이 흔들리거나, 치료 계획 변경 등으로 예상치 못한 상황이 벌어졌을 때도 유연하게 대처할 수 있다.

당장 오늘 풀 케이스 환자의 상담을 동의시켜야 한다고 가정해보자. 풀 케이스라는 말은 전체적으로 리모델링하는 것과 같다. 환자가 모든 치료를 받고 나서 어떤 모습일지 먼저 상상해보자. 이 계획대로 진행되었을 때 그 모습이 나올지 머릿속으로 시뮬레이션도 해보아야 한다. 그에 맞춰 치료 순서가 나온다. 이런 과정 없이 당장 오늘 하기 쉬운 것, 지금 할 것에만 집중하면 추후 애매해지는 상황이 발생한다.

예를 들어 오른쪽 아래 치아(#46) 하나가 부러져서 이를 뽑은 후 임플란트를 해야 하는데 양옆 치아 두 개(#45, 47)도 흔들린다. 향후 몇 년 안에 망가질 가능성이 높은 치아들이 있지만 환자는 금액 부담이 있어 최소한으로 하고 싶어 한다. 이런 경우 미리 #45, 47을 빼고, #45, 47에 임플란트(Implant : 빠진 치아를 대체하기 위하여 잇몸이나 턱뼈에 인공치아를 고정하는 일)를 심은 후 브릿지(bridge : 빠진 이의 양옆에 있는 이를 버팀목으로 삼아 다리를 걸듯이 해 넣는 인공 치아)도 만들 것인가, 일단 환자가 원하는 대로 임플란트 한 개만(#46) 심어놓고 이후 망가지면 #45, 47 각각 심을 것인가를 고민해야 한다. 향후 1년 이내 빠질 것 같으면 기다렸다가 그때 치료하는 방법도 있다. 임플란트 개수가 줄어들어 부담도 적다.

향후 5년까지는 문제없을 것 같다면, 일단 #46 먼저 치료할 수 있다. 다만, 그렇게 치료했을 때 음식물이 끼거나 염증 등 여러 가지 발생 가능성이 있는 문제들은 환자가 충분히 인식할 수 있어야 한다. 이렇게 현재 환자의 상태, 앞으로 일어날 일들까지 모두 시뮬레이션하고 환자에게 설명해줄 수 있어야 한다.

환자의 상태는 고려하지 않은 채, 그저 치료 방법을 상품처럼 설명하는 사람은 언제 지뢰를 밟을지 모르는 사람과 같다. 원장님의 진단에만 신경 쓰느라고 환자의 병력 체크가 빠진다거나, 현재 상태를 배제하고 그저 받을 치료와 금액에 관해서만 설명하는 것은 '예견된 컴플레인'을 방치하는 것과 같다. 치료는 어떻게 하느냐에 따라 치료 방법이 무궁무진하므로, 원장님의 진단하에 환자에게 가장 적합하고 맞는 치료법을 제시해줄 수 있어야 한다.

치료에 대한 방법과 금액, 기간 등의 정보는 자세히 설명해 드릴 수 있으나, '환자가 받을 치료, 그 치료를 받고 난 후의 환자의 변화'에 대한 전달도 필요하다. 알고 있음에도 이 부분을 생략하거나 무시하면 추후 환자의 컴플레인을 피할 수 없다. '어쩌다' 운이 좋아서 성공시킨 상담도 별다를 바 없다. 그저 '운'임에도 본인의 실력이라고 취하게 되면 헤어 나오기 힘든 늪에 빠지게 된다.

각각의 치료에 대한 지식, 이해도가 높아야 이 환자의 경우 어떻게 진행되는지를 파악할 수 있다. 그리고 이것은 기본바탕이 되어야 한다. 기본바탕이 준비되어 있지 않으면 환자를 관찰할 여유가 생기지 않는다. 그저 시험 기간이 임박해 급하게 줄줄 외워 시험문제 풀 듯이 해결할 것이다. 만약, 지식은 없어도 센스가 좋아 환자가 원하는 것을 캐치한다 한들, 원하는 것을 내어줄 수 없으니 환자입장에서는 고민이 될 수밖에 없다.

상담 동의율은 중요하지만, 이를 강제로 끌어내는 것은 오히려 환자와의 신뢰를 떨어뜨릴 수 있다. 환자의 현재 상황과 마음을 이해하고, 다가갈 수 있는 적절한 방식의 상담을 해야 한다. 이때, 환자가 선택할 수 있도록 환자의 생각이나 의사를 존중하며 자율성을 보장하는 것이 좋다. 단순히 치료 동의를 위한 상담이 아닌, 환자를 배려하는 상담을 하게 되면 어느 순간 편안하게 대화한다고 느낄 수 있다. 상담 스킬뿐만 아니라 상담자 본인의 역할과 부족함을 먼저 인식하고, 적극적으로 노력해야 한다. 이는 충분한 연습과 공부가 필요하며 환자에 대한 관찰과 노력이 필요하다.

상담 동의율에 스트레스를 받고 있다면, 조금 다르게 접근해보자. 당장 앞에 있는 환자가 '이 상담을 진행할까?'보다, '우리 병원에서 치료받아 편해지셨으면 좋겠다.'라고 말이다. 관심으로부터 출발하면 무엇이 환자에게 필요한지, 어떤 걸 원하는지 캐치할 수 있을 것이다. 그걸 토대로 상담하면 지금까지와는 다른 결을 가지게 될 것이다. 동의율이 높아지는 것은 덤이다.

생각 하나만 달리할 뿐인데 환자가 바라보는 나는 '믿고 맡기고 싶은 병원'에서 일하는 '따뜻한 사람'이 되어 있을 것이다.

3

쇼핑환자의 마음을
사로잡아라

"전체적으로 할 치료가 많아서 견적 한 번 내보려구요. 병원은 7~8군데 정도 방문해봤어요."

요즘에는 '나 가격 비교 중이야.'라는 사실을 숨기지 않고 드러내는 환자들이 많아졌다. 꼭 비용 때문만이 아니라 병원마다 진단이 다르고, 그 진단에 따른 진료 방법도 천차만별이라 여러 군데 비교를 하면서 내게 맞는 것을 선택하기 위함이다. 또, 큰 치료를 앞두고 어떤 곳을 믿고 맡겨야 할지 불안한 마음도 있기에 직접 설명을 듣고 선택하려는 것이다.

환자들은 아무리 설명을 들어도 잘 이해하지 못하는 경우가 많다. 전문가가 아니기에 머릿속에 잘 그려지지 않는다. 바깥세상을 한 번도 구경하지 못한 물고기에게 새를 설명한다고 새를 상상할 수 없는 것과 같은 이치다.

그러므로 상대적으로 약자인 환자들에게 필요한 치료나 검사, 수술 등의 비용과 그에 대한 건강보험 혜택을 파악하고, 자신이 어떤 비용 부담을 해야 할지에 대한 정보를 얻을 수 있도록 도움을 주어야 한다. 필요하면 과정과 사진까지 상세하게 보여주고 설명해주어야 한다. 그래야 머릿속으로 상상만 하는 것이 아니라 실질적으로 진행 상황을 좀 더 이해할 수 있게 된다. 또, 어디까지 건강보험 혜택이 되고, 어디까지 비보험인지, 현재 가입된 사보험 혜택은 되는지 전혀 모르기 때문에 이 부분에 대해서도 상세하게 설명해주면 좋다.

특히 병원마다 진단이 다르거나, 먼저 그 부위를 치료하면서 체크해야 정확한 진단을 할 수 있는 경우 얼마만큼의 비용이 부과될지 알 수 없어 불안할 수 있다. 복잡한 보험 보장 내용도 머릿속에 들어오지 않을 수 있다. 이런 경우 사보험 증권을 환자와 함께 보면서 이해하기 어려운 부분을 꼼꼼히 검토하고, 필요한 정보를 추가로 수집해 준다면 이야말로 고객 감동인 셈이다.

나는 오히려 병원을 여러 군데 방문한 뒤, 우리 병원에 내원한 환자가 달갑다. 그저 쇼핑환자로 보지 않고, 치료를 앞두고 '신중한 사람'이라고 생각하고 상담에 임한다. 상담이야 이미 많이 들어봤기 때문에, 나는 상담 스킬로 다가가지 않는다. 그저 '편안함'으로 다가갈 뿐이다. 쇼핑환자라고 '상담 받아보고 싼 데 다른 데 가겠지~.'라는 불편한 마음으로 성가셔하지 않고, '큰 금액이네? 홀딩 해야지.'라는 조급한 마음으로 응대하지 않는다.

상담과 관찰을 통해 환자가 여러 군데를 다니며 비교하는 근본적인 이유를 찾아낸다. 진단이나 예상 진료비가 큰 차이가 나지 않는다면, 더더욱 상담보다는 대화로 다가가는 편이다. 환자와의 대화에 집중하다 보면, 저마다의 이야기가 있다. 처음부터 드러내지 않았던, 스스로 드러내지 않았던 '진짜 이야기'를 듣게 되면, 환자는 높은 확률로 우리 병원에서 치료를 시작하게 된다.

이전 치과에서 근무할 때 기억에 남는 환자분들이 꽤 있다. 그중에 퇴사한 이후에도 연락을 주고받는 환자분이 있다. 그 환자분은 2천만 원에 육박하는 치료비 견적을 받은 환자였다. 여러 군데에서 상담 받고 오신만큼 본인의 견적이 크게 나온다는 것을 이미 알고 계신 분이었다. 이전의 치료 전적들 때문에 쉽지 않은 치료과정이 예상되었다.

먼저 원장님의 진단을 설명해 드리고, 환자분의 이야기를 들어주었다. 그 이야기 속에는 환자분의 인생과 가치관과 많은 고민이 담겨 있었다. 어느 하나 허투루 듣지 않고 공감하며 경청했다. 당일 확정 짓고 가지 않으셨지만, 고맙다는 환자분의 말씀에 나는 많은 것을 느꼈다.

며칠 후 재상담을 요청하셨다. 나는 조급하지 않게 천천히 다가갔다.

재상담을 요청하셨을 때부터 계속 이전 상담을 복기했고, 환자분에게 꼭 필요한 치료와 환자분이 원하는 치료에 대해 생각했다. 환자분은 양질의 치료를 원했다. 그래서 재상담을 했을 때는 환자분이 느끼는 불편감을 해소할 수 있을 치료 방법에 관해 설명하며 전문성을 가미했다. 사실 환자분께서는 다른 치과에서 진행하기로 해 예약금을 건 상태였다. 그러나, 재상담을 들으시곤 그대로 확정 지으셨다. 수술 예약을 잡으시며 내게 고맙다고 치과 리뷰를 써주겠다고 하셨다. 얼마 지나지 않아 달린 리뷰는 이랬다.

"지난주 처음 ㅇㅇㅇ치과를 방문하고 너무 늦게 이곳을 만났다는 생각이 들었습니다. 의료진선생님, 상담실장님, 간호사선생님 모두 너무 친절하시고 가격도 적절하게 해주셨습니다. 특히 상담 실장님은 치과를 방문하는 환자들에게 편안함을 주면서 '잘 치료받으실 수 있게 최선을 다하겠다'고 말씀해 주셔서 더욱 믿음을 가지게 되었어요. 솔직히 치과를 8곳이나 다녔지만 터무니없는 가격과 겉으로만 친절한 모습에 마음이 별로 좋지 않았기에 쉽게 결정을 내리지 못했어요. 이제 치아 치료 기간이 15개월 걸린다고 하니 맡겨보기로 하고 치료를 시작했습니다. 지금 치과를 정하지 못하신 분들은 더 이상 고민 마시고 ㅇㅇㅇ치과의 문을 두드리세요. 이빨은 오복 중에 하나라고 하듯이 치료가 끝나면 반드시 저에게도 복이 올 것 같아요. 이제라도 좋은 치과를 만나서 너무 좋습니다."

퇴사를 앞두고 있었기에 내가 솔직히 말씀드리자 서운하긴 하지만 고맙다고 하셨다. 나는 이 환자분 때문에 몇 번을 함께 눈시울을 붉혔다.

상담자의 노력에 따라 쇼핑환자라고 생각했던 환자가 우리 병원에서 치료를 진행할 수 있다. 그저 지나갈 사람이라 생각하지 말자. 먼저 다가가 그들의 이야기를 듣고, 해결책을 줄 수 있도록 하자. 그래서 우리 병원에서 최상의 진료 서비스를 받을 수 있도록, 치료가 끝난 이후에도 다시 방문할 수 있도록 하자. 우리는 그럼으로써 VIP를 얻게 되는 것이다.

또 이런 예도 있다. 한 환자가 지역사회에서 유명한 A병원에서 어깨 관절 수술을 진단받았다. 진단받은 병원에서 수술까지 하려 했더니 수술을 하려면 몇 달을 대기해야만 했다. 그래서 바로 수술할 수 있는 근처 B병원을 알아보게 되었다. 그 병원에서는 바로 수술도 가능했고, 입원실도 쾌적했으며 의료진도 친절해서 상담 당일에 수술받기로 확정 지었다. 수술 후 몇 년은 무리 없이 잘 사용했다. 나름 만족하며 살고 있었는데 어느 날 갑자기 합병증이 발생해서 다시 수술 받아야 하는 상황이 되었다. 이 환자는 재수술이라는 불신이 생겨 수술했던 B병원으로 가지 않고, A병원에 방문했다. 이전과 마찬가지로 몇 달을 대기해야 하는 상황이 발생했고, 환자는 지인 추천을 받아 C병원에서 수술을 받게 되었다.

만약 이런 상황이 발생한다면, 재수술을 앞둔 환자는 여러 병원을 알아볼 수밖에 없다. 그런데도 이 환자를 우리는 '쇼핑환자'라고 단순히 치부하는 것은 아닐지 잘 생각해봐야 한다. 환자들은 자신이 만족할만한 병원을 찾기 위해 여러 병원을 방문할 수 있다. 이것은 환자의 권리와도 같다. 좀 더 질 높은 의료서비스를 받고 싶어 하는 마음은 누구나 같다.

그러니 환자의 관점에서 무엇을 원하는지 니즈를 파악하고 니즈를 충족시키는 데 최선을 다하자. 환자의 이야기를 잘 들어주는 것만으로도 환자의 마음을 얻을 수 있다.

4

실력 없는 원장님 vs
서비스 마인드가 떨어지는 원장님

'밸런스게임'을 아는가? 밸런스게임(balance game)은 A 혹은 B의 선택지를 고르는 게임이다. 이 선택지들이 단번에 고르기 어려울 정도로 팽팽한 균형을 맞추고 있다고 해서 '밸런스 게임'이라고 한다. 예를 들면, '세수한 물로 양치하기 vs 양치한 물로 세수하기', '키 130cm로 살기 vs 몸무게 130kg로 살기', '팔만대장경 다 읽기 vs 대장내시경 팔만 번 하기' 등이 있다.

나도 밸런스 질문을 드리고 싶다. 자신이 그 병원의 실장이라고 가정했을 때, '실력 없는 원장님과 일하기 vs 서비스 의식이 떨어지는 원장님과 일하기' 둘 중 당신의 선택은 무엇인가?

두 원장님과 일해 본 결과, 내 대답은 '서비스 의식이 떨어지는 원장님'이다. 실장으로서의 상황과 치료받는 환자의 입장까지 고려하면 말이다. 하지만 두 원장님 다 상황을 타개할 방법이란 얼마든지 있다.

임플란트 수술 실력이 떨어지는 원장님은 네비게이션(Navigation implant: 임플란트 수술 전 미리 식립할 위치를 파악하여 가이드를 만든 뒤, 실제 수술 시 구강에 장착 후 수술하는 방법)을 활용해 보완할 수 있다. 보철은 개별화된 맞춤 지대주(Custom Abutment)의 힘을 빌려 완성도를 높일 수 있다. 실패한다고 해도 환자에게 충분히 설명해서 잘 해결할 수 있는 방향으로 이어갈 수 있다. 요즘은 워낙 기술이 좋아져서 부족한 실력을 보완할 수 있는 것들이 많다.

서비스 의식이 떨어지는 치과 원장이라면, 오히려 단순하다. 원장님은 진료적으로 다가가면 되고, 그 외의 의료서비스는 직원들과 실장의 몫이다.

A치과 원장은 진료 능력은 조금 부족하지만, 서비스 의식이 뛰어나신 분이다. 전체 풀 케이스의 환자분이 진료를 시작하게 되었는데, 고령 환자다 보니 치료받는 것을 많이 힘들어했다. 간혹 가족과 병원에 오시게 되었는데, '진료가 힘들다.', '죽겠다.', '아프다.' 등의 불만을 원장님께 많이 토로하곤 했다. 그때마다 원장님은 환자분을 어르고 달래며 치료를

시행했다. 워낙 서비스 마인드가 뛰어나다 보니 환자 응대가 능수능란했다.

고령임에도 임플란트 수술을 진행했는데 워낙 뼈 상태도 좋지 않았고, 원장님도 패스(path)를 신경 쓰며 식립한 것이 아니다 보니 역시나 패스가 좋지 않았다. 몇 달 후, 보철이 올라갈 때쯤 맞춤 지대주(Custom Abutment)를 활용했고, 아무 문제없이 보철을 완성할 수 있었다. 좋지 않은 상황에서도 보철 기법으로 해결할 수 있는 것이다. 현재까지도 고기도 잘 씹어 드시고 무리 없이 사용하고 계신다. 맞춤 지대주를 누가 개발했는지는 모르겠지만, 정말이지 노벨상감이다.

가족 중에 한 분이 환자 체어에 띄워진 파노라마 사진을 보고 "임플란트가 삐뚤삐뚤한데 이렇게 해도 괜찮은가요?"라며 질문을 주셨다. 원장님께서 진료실에서 설명하셨을 때는 혹여 본인의 질문이 어머니에게 해를 끼칠까 봐 못 여쭤보시다가, 대기실에 나와서 내게 물어보신 것이다.

나는 "임플란트는 뼈가 많고 좋은 부분에 심어져야 단단하게 잘 유지될 수 있어요. 원장님께서 CT로 3차원적인 분석을 통해 가장 단단한 뼈에 심었고, 수술도 잘 마무리되었어요. 이 사진은 평면 사진이라 더 그렇게 보일 수 있는데, 그보다는 보철이 얼마나 잘 맞게 들어가느냐가 중요하니까 너무 걱정 안 하셔도 되세요. 수술 후, 일정 기간이 지난 후에 원장님께서 뼈와 임플란트가 잘 붙었나 평가하셨을 때도 괜찮다는 소견이 있어서 보철이 올라간 거예요. 잘 사용하실 테니 너무 걱정하지 마세요."

라고 설명해주었다.

내 걱정이 무색하게도 환자분은 현재 임플란트를 굉장히 잘 사용하고 있다. 정기검진도 잘 나와주신다. 처음부터 끝까지 원장님의 서비스 의식이 있었기 때문에 환자와의 라포 형성이 될 수 있었다.

B치과 원장은 서비스 의식은 떨어지지만, 진료는 굉장히 잘하는 분이다. 처음 병원을 방문한 한 남성분이 충치가 있는 것 같다고 검진을 원했다. 전체적으로 상담을 체크한 것이 아니라 CC(Chief Complaint: 환자의 주된 호소) 위주의 당장 급한 진료에 대한 진단만 내리고 상담을 진행했다. 그러다 보니 처음에 발견하지 못한 치아 사이 충치를 나중에야 발견했고, 이후에 설명을 해드렸다. 그러자 환자가 화를 버럭 내며 "처음부터 똑바로 봤어야지! 인제 와서 말하는 건 무슨 심보야!"라며 소리쳤다.

다시 차근히 설명해 드리면 충분히 이해시킬 수 있는 상황이었지만 원장님은 그러지 않았고 "그럼 처음부터 잘 봐주는 치과 가서 치료받으세요. 안녕히 가세요~."라고 말하고는 원장실로 휙 들어가 버렸다.

이뿐만이 아니다. "가족 중에 치과의사가 있어서 아는데, 여기 너무 비싸네. 할인 좀 해줘."라고 금액 할인을 요구하는 환자에게는 그냥 환불해 줄 테니까 거기 가서 치료받으라고 하는 원장님이셨다. 또, 계속되는 보철 컴플레인 환자를 진절머리 나서 더 이상 보기 싫다고 말씀하시며 거부하셔서, 나중에는 원장님을 뵙지도 않고 환불 처리까지 완료된 일도 있었다.

　누군가는 이 원장님을 욕할지도 모르겠다. 아무리 그래도 서비스 정신이 떨어진다고. 그러나, 나는 이 원장님을 존경했다. 원장님이 그렇게 던지고 가버리면 뒷수습은 늘 내 몫이었지만 실력 하나는 정말 최고였다. 고난도 임플란트는 물론 레진 치료부터 보철 치료까지 난 케이스도 정말 깔끔하고 완벽하게 했다. 원장님의 출중한 진료 실력에 나까지 프라이드가 높아졌고, 환자에게 그대로 전달되었다. 비록 큰 치과는 아니었지만, 원장님께서 훌륭한 진료 실력을 갖추신 만큼 서비스 의식을 조금만 더 신경 쓰시고 마케팅까지 하셨다면 아마 동네 탑 치과가 되었을 거라 확신했다.

　나는 이 병원을 동네 탑 치과로 만들겠다는 목표 의식이 불타올랐다. 원장님의 우수한 진료 실력을 바탕으로 전 직원이 서비스마인드를 장착하고 접근한다면 충분히 가능하겠다고 생각했다. 의료서비스란 그저 친절하게 말하고, 설명을 잘한다고 되는 건 아니다. 환자에게 지금 당장 필요한 것이 무엇인지 바로 캐치하고 제공해줄 수 있어야 한다.

　일반 서비스와의 차이점이 여기에 있다. 병원은 '불편하고 아픈 사람'이 오는 곳이다. 아픈 사람의 아픈 곳을 바로 해결해주는 것만으로 환자는 만족한다. 여기에 플러스 + '불편함을 바로 해결해주는 곳'이라는 인식이 들 수 있는 서비스를 제공해야 한다. 이건 직원들의 태도에서 만들어진다.

진심이 담긴 내 태도와 표정, 반갑게 맞이하는 인사, 환자 한 분 한 분에게 집중하며 그 사람의 니즈를 모두가 공유하고 안내하는 것이 필요하다. 나는 모든 직원의 태도를 변화시키기 위해 내가 먼저 솔선수범해서 보여주었다. 주입식으로 교육하는 게 아니라 스스로 동기부여를 할 수 있게끔 한 것이다. 병원의 분위기가 예전과 달리 활기차지고 직원들의 눈빛이 달라졌다. 원장님도 이 변화에 동참하셨다. 이게 바로 '조직문화'다. 조직문화는 누구 한 명에 의해서 변화되지 않는다. 전 직원이 하나의 목표를 향해 나아갈 때 형성된다.

일도 잘하시고, 사람도 좋으신 원장님과 일하는 것이 최고겠지만 현실은 그러지 못할 때가 많다. 여기서 중요한 것은, 나의 포지션이다. 절이 싫다고 징징거린다고 절이 바뀌지 않는다. 내가 어떤 원장님과 일하느냐에 따라 나의 포지션도 바뀌어야 한다. 무뚝뚝한 원장님이라면 내가 더 잘 설명하면 되고, 친절한 원장님이라면 그에 맞춰 나도 친절하게 응대하면 된다.

나는 어떤 상담가가 되고 싶은가? 우리 병원 원장님은 어떤 사람인가? 서로의 부족한 부분을 채우기 위해서 지금 당장 무엇을 하면 좋을까? 스스로에게 질문해보자.

5

열심히는 하는데
홀딩이 안 되는 이유

현재 나는 수강생과 1:1로 Personal Training을(이하 PT) 진행하고 있다. 말 그대로 개인 맞춤형 트레이닝이다. 단 한 명의 수강생을 위한 맞춤 트레이닝이기 때문에 커리큘럼을 짜기 전에 수강생에게 설문지를 보내준다. 수강생이 설문지를 작성 완료하면, 꼼꼼하게 검토하고 날짜를 잡아 사전 미팅을 진행한다. 수업은 상담뿐만 아니라 컴플레인, 환자 관리, 응대, 이미지메이킹, 포트폴리오 등 여러 주제가 있다 보니 사전 미팅만으로도 한 시간을 훌쩍 넘긴다.

사전 미팅을 통해 수강생이 필요로 하는 병원 업무 관련 주제라면 뭐든 체크해서 진단하고, 그에 맞춰 커리큘럼을 처방해 제안서를 보낸다. 이 과정까지 모두 무료로 진행하고 있으며, 수강생이 본인 맞춤 커리큘럼 제안서를 확인하고 오케이하면 PT를 본격적으로 시작한다.

가장 많은 의뢰 신청이 들어오는 건 역시 '병원 상담'이다. 수강생들이 보통 실장이거나, 이제 막 실장이 되었거나, 실장을 준비하는 사람이라서 그런지, 상담에 대한 압박이 있다. 그 탓에 여러 수강생의 고민 순위 TOP 3안에 드는 것도 바로 '열심히는 하는데 홀딩이 안 돼요.'라는 내용이다.

상담 트레이닝을 시작하기 전 상담 대본을 임의로 작성해보라는 숙제를 내는데 이때, 제한을 두지 않고 그냥 써보라고 한다. 미리 준비하는 대본인 만큼, 실제 상담할 때와는 내용이 많이 달라질 수 있겠지만 쓸 수 있는 대로 써보라고 한다. 간단하게 써보라고 해도 보통은 4~5장 정도의 분량을 적어서 준다. 그 내용은 정말 주옥같다. 화려한 언변들로 가득 차 멘트 하나하나 버릴 것이 없고, 비유들은 어찌나 찰떡같은지. 수강생들도 자신이 쓴 내용이 흡족한지 내용을 줄이지 못하고 결국 네다섯 장을 다 보낸다.

나는 이것을 '오픈 북 테스트'와 같다고 본다. 상담 대본을 미리 적으라고 해도, 담을 수 없는 내용이나 상황이 있다. 기본적으로 준비가 되어 있지 않으면, 오픈 북 테스트를 본다고 해서 맞는 내용들만을 적기란 어럽다. 어떤 내용을 적을지 알고 있는 사람과 어떤 내용을 적어야 할지조차도 모르는 것은 다르기 때문이다. 그래서 상담 대본을 보는 것만으로도 수강생의 유형이 나눠진다.

A. 준비된 멘트를 쓰기 위해 억지로 상황을 만들어 내, 어색한 상담을 하는 사람.

B. 아는 것도 많고, 내용도 화려한 스킬이 가득한데 상담이 겉돌다가 끝나는 사람.

C. 정보전달은 잘하는데, 말주변이 없는 사람.

D. 센스, 지식, 매너, 말주변 등 있어야 할 것들이 없는 사람.

E. Excellent! 원장님 진료 스타일, 환자 성향, 치료에 대한 이해도가 모두 높은 사람.(하산하세요!)

F. Flunk(F.낙제) PT 진행이 어렵다. 기초 먼저 다져야 할 사람.

당신이 만약 A, B, C 중에 속한다면, 노력에 따라 단기간에 개선될 수 있다. 이미 많은 공부를 해왔기 때문에, 지식은 충분하다. 그간 '본인'에게 집중하며 상담 스킬과 정보를 쌓았다면, 이제 '환자'에게 집중하면 된다. '열심히 하는 본인'의 상담에 취해 있어서는 발전이 없다. 열심히 환

자에게 집중하고, 관찰해야 홀딩할 수 있다.

만약 당신이 'D'의 유형에 속한다고 해서, 큰 문제는 되지 않는다. 센스도 학습하면, 후천적으로 가질 수 있다. D 유형의 경우, 대부분 이러한 특징이 있다.

1. 진료에 대한 이해도가 낮다.
2. 메모하지 않아 중요내용을 잊어버린다.
3. 구구절절 말이 길어진다.
4. 우선순위를 정하지 못한다.
5. 뭐부터 설명해야 할지 정리가 안 되니 내용이 혼잡하다.

왜 이런 특징을 가지고 있을까? 환자에게 관심이 없기 때문이다. 환자가 진료를 통해 편안하게 치료받고 잘 드시길 바라는 마음보다는 '내 성장'이 먼저다. 상담 동의율을 높여서 내 연봉을 올려야 하고, 내 능력을 인정받아야 하고, 매출을 높여야 하는 것이다. 그저 단순 상담 결과만을 위한 상담은 절대 성장할 수 없다. 일단 환자가 그 마음가짐을 다 안다. 모르는 것 같아도 '느낌'으로 다 느낀다. 눈빛과 행동과 말투, 온몸에서 뿜어져 나오는 아우라로 다 느끼는 것이다.

먼저 환자가 무엇을 원하는지에 집중하자. 환자의 니즈를 충족시켜주면 홀딩하고 싶지 않아도 자연스럽게 홀딩이 된다. 환자가 상담에 동의하고, 좋은 결과를 얻으려면 그만한 가치를 보여줘야 한다. 환자가 뭘 원하는지 정확하게 알지 못하면 보여줄 수 없다.

결국, 큰 틀에서의 환자 상담도 오픈 북 테스트와 같다. 상담의 출제경향을 파악해야 하고, 환자의 출제 의도를 파악해야만 맞는 답을 줄 수 있다. 무엇을 위해 열심히 해야 할지 알았다면, 새로운 마음으로 시도해보자. 분명 어제와 비슷한 상담이었을지라도, 달라진 마음을 느낄 수 있을 것이다.

6

상담의 장애물을
찾아라

하면 할수록 어려워지는 상담, 우리가 공략해야 할 것은 '환자'가 아니다. 바로 '등잔 밑'이다. 많은 상담가는 말한다. 환자의 니즈를 찾아서 공략하라고. 그런데 정말 그게 끝일까? 환자가 진정 원하는 것만 찾으면 상담 동의율이 바로 높아질 수 있을까?

그렇지 않다. 내 마음속에 스스로 만든 장애물을 제거하지 않은 채 상담에 들어가면 환자의 니즈는커녕 무슨 말부터 어떻게 해야 할지 알 수 없다. 자신감이 사라지고 자꾸만 움츠러든다. 그런 태도로는 절대 동의를 끌어낼 수 없다. 등잔 밑이 어둡다고 했다. 가까이에 있는 장애물을 알아보지 못하면 계속 걸려 넘어질 것이다. 내가 만든 등잔 밑 장애물은 다음 3가지로 분류할 수 있다.

'병원 상담 그 자체'

상담에는 두 가지의 시각이 있다.

첫 번째 시각은, 병원 종사자가 바라보는 '병원 상담'이다. 상담이 가지는 의미는 크게 병원경영 및 매출, 동의율 등 실적이 중요한 '이성적 상담'과 치료내용, 재료, 가치 등 스스로 합리적인 선택을 할 수 있도록 도움을 주는 것, 즉 직업적 소명이 존재하는 '감성적 상담'으로 나뉜다.

어느 상담에 치중해야 더 잘한 상담이라고 볼 수 있을까? 정답은 모두가 알고 있겠지만, 이성과 감성이 잘 어우러져야 성공적인 상담이다. 당연히 병원에서 근무하는 병원 종사자가 매출이나 실적을 뒤로할 수 없다. 그렇다고 감성적인 상담이 배제되어서는 안 된다. 그 이유는 다른 시각에 힌트가 있다.

두 번째는 시각은, 환자가 바라보는 '병원 상담'이다. 환자에게 병원 상담이란, 환자 자신의 건강 문제를 마주하고 상담함으로써 의료진에게 조언을 얻는 과정이다. 상담을 통해 자신의 건강 상태를 인지하는 것, 의료진이 제시한 진단과 치료 방법에 대한 정보를 얻는 것, 자신의 건강을 위해 노력할 동기부여를 얻는 것이다. 이 과정을 통해 환자는 '내 건강에 좀 더 진심인 병원'을 선택한다.

상담의 사전적 의미는 '도움이 필요한 사람과 도움을 줄 수 있는 사람 사이의 개별적인 관계를 통하여 새로운 학습이 이루어지는 과정'을 말한다. 도움이 필요한 사람은 환자이고, 도움을 주는 사람은 바로 우리, 상담가이다.

여기서 일반 고객 상담과 병원 상담은 결이 다르다. 도움을 주는 것이라는 본질적인 의미는 같지만 접근 방법 자체가 다르다. 병원 상담은 환자의 질환을 아프지 않게, 빠르게 치료하는 것에 초점이 맞춰지다 보니 치료뿐 아니라 비용과 과정 등 고려해야 할 것들이 정말 많다. 그러다 보니 병원 상담 그 자체가 힘들다. '상담은 환자의 니즈를 파악하고 니즈를 충족시켜주어야 한다.'라는 누구나 다 대답하는 그런 원론적인 얘기 말고, 정말 환자가 불편하지 않게 도와주어야 한다. 분명 방법과 순서에 따라 환자가 느끼는 불편의 정도는 달라진다. 이를 플랜 A, B, C, D로 분류해서 짜서 가장 최적화된 방법을 제시하자. 각각의 장단점을 함께 설명해주는 것도 좋다. 환자는 자신을 이렇게까지 생각하고 계획을 짜는 것을 보고 신뢰를 갖게 될 것이다.

지금까지 "살릴 수 있는 확률 60%입니다."라며 확률로만 말하고 있지는 않은지, 치료과정과 비용만 말하고 있지는 않은지 돌아보자.

"비싸요."

'비싸요.'에는 환자가 말하는 "비싸요."와 내가 만든 장애물의 "비싸요."

가 있다. 환자가 말하는 '비싸요.'라는 뜻은 "옆 병원은 보톡스 얼마라던데 여긴 비싸네.", "다른 데는 크라운 치료하면 신경치료랑 코어 다 해주던데 여기는 비싸네.", "저기 ㅇㅇ병원은 도수 치료하면 이런 거 다 그냥 해주던데. 여긴 아무것도 없어? 비싸네." 등 '생각보다 비싸다.'라는 뜻이 담겨 있다. 이 경우는 우리 병원의 치료비가 그만큼의 가치를 가지고 있음을 보여주면 된다.

반면, 내가 만든 장애물의 '비싸요.'라는 뜻은 대체로 이렇다. "원장님의 실력에 비해 비싸요.", "주변 치과 평균값에 비해 비싸요.", "저희 병원은 할인이 없어서 비싸요."다. 이 말들의 공통점은 상담이 안 되는 이유를 '비싼 것'에 둔다는 것이다. 쉽게 말해서 '우리 병원은 비싸기만 하고 가치가 없어.'라고 생각하기 때문이다.

스스로 가치를 모르는데 상담이 잘 될 리가 있겠는가? 이 경우는 상담하기에 앞서, 상담자인 내가 먼저 납득이 될 가치를 찾아야 한다.

"가치를 모르겠어요."

여기서 가치는 환자가 생각하는 가치가 아닌, 상담자인 내가 생각하는 가치를 말한다. 환자를 설득하기에 앞서 내가 먼저 설득이 될 수 있는 가치를 찾아야 한다. 이는 찾아보면 분명 병원 곳곳에 존재한다.

우선 병원에 관심을 가지고 둘러보자. 잘 들여다보면 내가 생각했던 치명적인 단점에도 분명히 장점이라 불릴 수 있는 것을 찾을 수 있다. 장점과 단점은 서로 유기적이라서 어느 한 가지에만 치우치지 않는다. 주의 깊게 관찰 후 장점을 끌어내면 된다.

예를 들어 첫 개원에 임플란트 수술 경험이 많지 않은 원장님의 수술이 불안하고 걱정된다고 하자. 해결책은 '임플란트 가이드(Implant Guide: 치과용 3D 컴퓨터를 사용한 모의수술을 통해 골조직, 주변치아, 신경 및 주변구조물들을 정확하게 파악하여 실제 환자에게 임플란트 식립할 위치를 설계해 만든 장치) 제작'이나 '최고급 픽스쳐(Fixture: 임플란트 고정체, 치아의 뿌리 역할)를 사용'하는 것이나 원내 기공소를 두는 것이 될 수 있다. 솔루션은 강점을 찾아내는 것이다.

겉으로 판단해 만들어버린 내가 만든 장애물들이 치과의 가치를 떨어뜨리고 있는 것은 아닌지 생각해봐야 한다. 병원의 가치가 정말로 없다면, 나의 가치는 어떤가? 나는 진료 스킬도 있고, 전문지식도 있고, 환자관리도 잘하고, 콜 관리 시스템도 잘 구축했고, 친절하고, 일 처리를 센스 있게 잘한다면. 그걸로도 충분히 투자가치가 있다고 볼 수 있다. 내가 그 가치가 될 수 있지 않은가? 나는 가끔 그런 마음으로 상담에 임하기도 했다. 물론 진료 자체를 잘하는 게 정말 중요하지만 비슷하다면 다른 시스템으로도 충분히 가치를 줄 수 있다.

병원 상담은 '세일즈'만이 아니다. 그저 진료라는 상품을 판매하는 단순한 것이 아니다. 이 진료를 통해 환자는 건강과 웃음과 행복을 얻는다.

그렇기에 내가 먼저 열린 마음으로 상담을 받아들여야 한다. 말이 통하기보다, 마음이 통하는 상담을 했을 때 환자 마음의 문이 열릴 수 있다. 이제 '내가 만든 장애물'을 하나씩 제거하며 환자에게 다가가 보자.

7

당신의 상담을 심플하게 할,
체크 포인트

초보 상담자가 가장 많이 하는 실수는 무엇이 있을까? 바로 '영양가 없는 부연 설명만 주야장천 하는 것'이다.

환자가 말이 없으면, 없을수록 더 많은 설명을 쏟아낸다. 환자가 무슨 생각을 하고 있는지 알 수 없으니 불안하고, '무조건 우리 병원에서 하게 해야 해.'라는 생각에 여유 없이 내 할 말만 하는 것이다. 머릿속에서는 환자를 설득해야 한다고 지시하지만, 막상 내용은 '지루한 설명' 그 자체다. 두서없이 쏟아지는 설명에 이해도 안 가고, 따분한 환자들은 '그래서 결론이 뭔데?'라는 생각에 빠르게 도달하게 된다.

"그래서 얼마예요?"

사실 환자에게 '금액'은 상담의 핵심이며 전부이기도 하다. 그래서 우리는 상담하면서 단순 금액이 아닌, 치료에 담긴 가치와 과정, 치료 완료 후에 얻을 만족감 등으로 관심을 돌려야 한다. 왜 이 치료를 해야 하는지, 어떤 과정으로 진행되는지, 왜 우리 병원에서 치료해야 하는지를 먼저 설득해야 한다. 비용은 그다음이어야 한다. 장황한 설명과 복잡한 내용만으로는 설득이 어렵다. 당장 이해시키기도 무리다.

그렇다면, 어떻게 환자에게 의미를 잘 전달할 수 있을까? 당신의 상담을 심플하게 해줄 체크포인트 5가지를 알아보자.

내가 무엇을 상담하는지 알고 있는가?

"임플란트 수술할 때 무슨 뼈를 사용해요? 인터넷에 보니까 종류가 여러 가지던데."라는 질문에 정확하게 답변할 수 있다면, 박수를 쳐주고 싶다. 임플란트는 회사별로 장점을 나열할 수 있지만, 우리 병원에서 사용하는 뼈 이식재에 관해 설명하지 못하는 경우가 은근히 많다. 동종 골(타인의 뼈)인지, 이종 골(소, 돼지 등의 동물 뼈)인지, 합성 골(인공 뼈)인지 물어보는 환자에게 답변을 못 하고 얼버무리는 경우도 봤다.

제품을 빠삭하게 탐구하고 어필하라는 뜻이 아니다. 적어도 우리 병원에서 쓰는 재료에 관해서는 설명할 수 있어야 한다. 환자에게 뼈 이식을 권유가 아닌, 필수사항이라고 말해놓고 정작 사용하는 뼈의 특성에 대해 제대로 대답하지 못하면 환자의 신뢰도에 타격이 있을 수 있다.

이전에 근무하던 치과에서는 가이스트리에서 나온 Bio-Oss라는 이종 골 이식재를 사용했다. 재료대가 있었던 만큼, 수가도 높았다. 동네 작은 치과에, 주변 수가들이 낮게 형성되었던 터라 처음에는 뼈 이식 비용 때문에 임플란트 상담 동의율이 높지 못했다. 부위에 따라 뼈 이식을 동반한 임플란트 비용이 170만 원에서 240만 원이 되기도 했다. 이는 다른 치과에 가면 2~3개는 거뜬히 심는 금액이었다.

마케팅도 따로 안 하던 치과다 보니, 신규로 유입되는 환자의 수도 적었고 상담 케이스도 적었다. 어쩌다 상담하게 되면 뼈 이식 비용이 많이 들어서 고민해 보겠다는 환자들이 대다수였다. 나도 덩달아 고민이 많아질 수밖에 없었다. 그래서, 상담의 초점을 조금 다르게 맞췄다.

뼈 이식이란, 재료가 좋아도 누가 어떻게 하느냐에 따라 결과가 달라진다. 같은 재료를 써도 뼈가 형성되지 못하고 퍼지는 경우도 있고, 뼈 이식의 의미가 없을 정도로 고정을 못 시키는 경우도 있다. 하지만, 실력이 출중한 의사가 좋은 뼈 이식 재료로 수술하게 된다면 훨씬 좋은 결과를 얻을 수 있다.

나는 원장님의 '능력'을 시각화하기로 했다. 같은 의사가 봐도 감탄할 치료 결과를 초점에 두고 상담에 임했다. 한 케이스, 한 케이스가 끝날 때마다 환자의 동의를 받아 임상 사례를 만들었다. 극명한 전후 사진으로 우리 치과는 고난도 뼈 이식 & 임플란트 전문 치과로 브랜딩 될 수 있었다. 고작 20~30만 원 차이로 거의 평생을 튼튼한 임플란트를 가질 수 있다면, 환자들은 당연히 좋은 뼈 이식 재료를 선택할 것이다. 다만, 그 차이점을 몰랐기 때문에 환자들은 단순히 '비용'으로만 저울질했다.

내가 무엇을 상담하는지 정확하게 알고 있는 것과 모르고 있는 것은 큰 차이가 있다. 이것을 빠르게 캐치하고 상담에 임했던 나는 환자에게 병원과 상담자의 신뢰를 동시에 얻을 수 있었다.

환자가 무엇을 원하는지 알고 상담하고 있는가?

환자가 보톡스를 맞으러 피부과에 방문했다고 하자. 여름방학 이벤트로 사각턱 보톡스가 39,000원 (부가세 별도) 할인 중이었다. 막상 가서 상담받아보니, 권하는 것은 79,000원짜리 보톡스였다. 환자 입장에서는 39,000원짜리 보톡스를 맞으러 왔는데, 4만 원이나 더 비싼 보톡스를 추천했을 때 '미끼상품에 속았네.'라고 생각할 수 있다.

환자를 설득하기 위해서는 왜 더 비싼 보톡스를 추천하는지 이유가 분명해야 한다. 더 좋은 것이기 때문에 비싸다는 이유는 상술로밖에 다가오지 않는다. 환자 입장에서는 '그러면 애초에 79,000원이라고 했어야지, 왜 39,000원의 좋지도 않은 싸구려 제품으로 날 꼬셨는가?'라고 생각할 수밖에 없다. 이렇게 되면, 단숨에 이벤트 상품이 '싸구려 제품'이 되는 것이고, 병원의 이미지에 타격을 입는다. 이 상황을 타개하려면, 환자의 생각 자체를 전환하는 게 중요하다.

환자를 이해시키려고 본인 위주의 설명만 일방적으로 하게 되면, 환자는 상담 자체를 '본인에게 판매하려는 목적'으로만 받아들일 수밖에 없다. 이런 경우, '원장님이 ○○ 님에게 왜 이 제품을 추천하는지'를 설명하고, 환자에게 '선택'할 수 있도록 해야 한다.

초진 환자가 그동안 큰 불편함 없이 지내다가 최근 오른쪽 아래쪽이 약간 욱신거린다며 내원했다고 하자. 그저 약 처방을 받을 생각이었는데, 이를 당장 빼고 임플란트해야 한다고 설명하면 오늘 그렇게 치료받을 확률이 얼마나 될까? 일단 환자는, 본인의 증상에 대해 '그 정도는 아니었던 거 같은데.'라고 생각할 것이다. 그다음은 의사가 사진을 보여주며 안 좋다고 설명하니 '그런 거 같기도 하네.'라며 일부분은 받아들일 것이다. 하지만 당장 발치하고 싶은 생각은 없다. 이를 뺀다는 것에 대한 상실감이 먼저 다가오기 때문이다. 그래서 약 처방 정도로는 안 되는지 확인하고, 다른 치료 방법은 없는지 생각할 것이다. 약간의 욱신거리는 정도는 언제든 괜찮아질 수도 있다고 생각한다. 지난번에도 약 먹고 괜찮아졌다면 더더욱.

결국, 환자 스스로 납득이 되어야 한다. 왜, 여기서, ○○ 치료를 받아야만 하는가! 상담자는 이 부분을 환자에게 분명하게 전달해야 한다. 여기서 '전달'이란 '상담자가 열변을 토로'하는 것을 말하는 게 아니다. 질문을 통해 환자가 스스로 인지하고 답변하게 만드는 것이 중요하다. 2~3

가지 방안과 그에 따른 장단점을 설명하고 환자가 스스로 선택하게 하자.

신뢰감을 주고 있는가?

초보 상담자라면, 스스로 본인에 대한 신뢰가 없을 수도 있다. '내가 제대로 설명할 수 있을까?' 하는 두려움과 '과연 나를 믿고 치료를 결정하실까?' 하는 걱정이 든다. 여기에 원장에 대한 신뢰까지 없는 경우라면 상황은 심각해진다. 둘 중 하나는 반드시 있어야 하고, 모두 가지고 있는 것이 바람직하다.

이전에 상담 컨설팅을 해드렸던 실장님의 고민은 원장님이 진료를 너무 못한다는 것이었다. 개원한 지 2년째인데도 보고 있기가 조마조마할 정도로 잘하지 못해서 어려운 케이스는 상담하기가 곤란하다고 했다.

이런 상태가 계속 유지된다면 병원 문을 닫는 것은 순식간이다. 본인이 스스로에게 확신이 없는데, 원장님이 제대로 진료할 것이라는 신뢰가 없는데 어떻게 환자를 설득할 수 있겠는가? 나도 모르게 눈빛이 흔들리고, 환자의 눈을 제대로 쳐다보지 못하게 된다. 어느 순간부터는 설득이 아닌, 그저 의무감의 설명만 하는 자신을 발견하게 된다. 환자는 영혼 없는 설명을 영혼 없이 들으며 '그래서 어쩌라는 거지.'라고 생각하게 된다. 더 최악인 건, 확신도 없으면서 무턱대고 큰소리쳤다가 심각한 컴플레인으로 이어지는 것이다.

이럴 땐, 먼저 원장님을 알고 나를 알아야 한다. 내 눈에는 부족해 보일지 몰라도 의사는 의사다. 원장님이 생각하는 진단과 치료 방법이 있을 것이다. 그 내용을 먼저 확인해야 한다. 이미 다른 병원에서의 경험으로 '이런 경우에는 이렇게 해야 하는 것 아닌가?' 하는 섣부른 판단은 금물이다. 케이스 별 원장님의 진단에 맞춰 어떻게 상담을 진행할 것인지, 원장님과 함께 손, 발을 맞추는 시간이 필요하다. 하나씩 맞춰 나가다 보면 임상 사례를 기반으로 한 데이터가 구축되고, 원장님과 나와의 신뢰뿐 아니라 환자에게 보여줄 수 있는 시각적 자료도 만들어지게 된다.

원장님과 나를 알았다면 이제 환자에 대해 알 차례다. 환자가 무엇에 관심을 두고 있는지, 어떤 문제를 해결하길 원하는지를 빠르게 캐치해야 한다. 계속 새로운 정보를 늘어놓는 것보다, 환자가 "오, 어떻게 아셨어요?", "네, 맞아요~."라는 등의 긍정적인 답변을 들을 수 있는 이야기로 접근하는 게 좋다. 하나, 둘 고개를 끄덕이며 공감하다 보면 상담에 집중하게 된다.

예를 들면 이런 것이다. 무조건적이지는 않지만, 운전을 자주 하는 사람은 왼쪽 팔이 더 까맣게 타고, 치과 진료실에서 일하는 사람은 왼쪽 눈 밑 기미가 있는 것이 특징이다. 이런 특징들을 잡아서 "혹시 운전 많이 하세요?"라고 질문을 해볼 수 있다. 환자는 "어떻게 알았어요? 맞아요. 장거리 운전을 많이 해요."라고 답을 할 것이다. 그러면 이러한 특징 때문에 알아봤다면서 서로 동질감을 형성할 수 있다.

유독 한쪽 뺨 근육이 발달한 사람이 있다. 입안을 보면 근육이 쏙 들어간 부위의 치아가 망가진 경우가 많다. 그쪽으로 씹기 힘드니까 반대쪽으로 식사를 주로 하게 되고, 그쪽 근육이 발달하게 되는 것이다. 이런 특징을 캐치해서 "혹시 오른쪽으로 주로 식사하시지는 않으세요?"라고 질문해보자. 환자의 긍정적 대답을 이끌어서 "왼쪽에 치아가 없다 보니 그래요. 이렇게 지속되면 얼굴이 비대칭이 될 수도 있어요. 턱관절에도 무리한 힘을 주고요. 왼쪽 치료를 하실 계획은 있으세요?"라며 이어서 질문할 수 있다.

내가 말하지도 않았는데, 먼저 불편함을 캐치하고 이야기하게 만드는 사람에게는 자연스럽게 신뢰가 상승할 수밖에 없다. 나는 상담 내내 '당신의 불편함을 책임지고 처리하겠습니다.'라는 신뢰를 주려고 노력하는 편이다. 그리고 그것이 내 상담의 전부다.

나조차도 순서가 정리되지 않고 뒤죽박죽되어 있지는 않은가?

순서를 정리하고 상담하는 이유는 간단하다. 첫째, 빠지지 않고 모두 다 말하기 위해서. 둘째, 상담자가 유리한 환경을 만들기 위해서.

이 두 가지 때문에 반드시 순서를 정해놓고 상담을 진행해야 한다. 그런데 많은 상담자가 이 부분을 자주 놓친다. 당연히 해야 할 설명이나 주의사항 등을 말하지 못하거나, 부속되는 치료를 깜빡하는 것이다. 별것 아닐지 몰라도, 사소한 실수가 반복되면 컴플레인이 발생할 수 있다. 빠진 치료를 다시 설명하면 추가 비용이 발생하게 되는데, 환자는 딱 그만큼만 나온다고 해서 준비하고 있었는데 갑자기 말이 바뀌면 당황스럽다. 신뢰와도 직결된 문제이기 때문에, 대충 환자의 사진과 차트만 보고 상담에 들어가는 실수는 하지 않아야 한다. 적어도 이 병원에 내원하게 된 이유, 경로, 특이사항 등은 한 번 더 체크하고 원장님 진단과 치료 계획을 꼼꼼히 훑어보고 상담에 임해야 한다.

우선순위를 정해 접근하는 것도 좋은 방법이다. 나 같은 경우에는 상담에서도 '선택과 집중'을 한다. 돈보다 '치료'가 먼저인 사람, 치료보다 '돈'이 먼저인 사람, 돈과 치료보다 '안 아픈 것'이 먼저인 사람. 꼭 세 분류로 나눌 수 있는 것은 아니지만, 대체로 이렇게 구분할 수 있다. 치료가 먼저인 사람에게는 사실에 기반해서 안전한 과정과 치료 후 예상 결과에 대해 집중하고, 돈이 먼저인 사람에게는 당장 해야 하는 치료 중에 국민건강보험으로 치료할 수 있는 것에 대해 집중하고, 안 아픈 것이 먼저인 사람에게는 무통 마취나 동기부여에 집중한다.

모든 케이스의 환자 상담이 동일하게 흘러가는 것은 아니다. 잔잔한 파도와 같은 사람이라고 해서 그 깊이가 같을 수는 없다. 묵묵히 들어주는 사람도 있지만, 어떤 사람은 들어는 주지만 무슨 생각을 하는지 알 수 없기도 하다. 환자가 침묵을 지키는 것은 좋은 신호가 아니다. 환자에게 질문을 하면서 나의 상담에 환자를 끌어들여야 하고, 내가 정한 순서와 환경에서 상담이 되어야 성공률이 높아질 수 있다.

'상담'을 하고 있는가, '설명'을 하고 있는가?

상담이란, 치료과정을 말하고 그에 따른 비용을 말하는 것이 아니다. 그것은 설명일 뿐이다. 국어사전에 따르면, 문제를 해결하거나 궁금증을 풀기 위하여 서로 의논하는 것을 말한다. 다시 말해, 환자의 불편 부위나 해소 욕구가 있는 부위가 있다면, 상담을 통해서 해결할 방법을 찾고 그 방법에 적합한 치료과정, 금액, 기간 등의 궁금증을 풀어줘야 하는 것이다.

약침이 얼마고, 도수 치료가 얼마고 말하는 것은 아무나 할 수 있다. 누구나 할 수 있는 것을 상담이라고 하지 않는다. 나의 상담의 큰 틀은 그대로지만, 환자의 니즈에 맞춰 치료 계획이나 순서를 바꿀 수 있어야 한다. 일방적으로 전달하는 것이 아닌, 문제를 해결하는 데 초점을 맞춰야 한다.

우리는 환자와의 상담에 몰입해야 한다. 몰입이란, 주위의 잡념과 방해물을 차단하고 원하는 한 곳에 자신의 모든 정신을 집중하는 것을 말한다. 환자와의 상담에 몰입하는 것, 참된 상담자가 갖춰야 할 덕목이다. 상담 중 하는 '몰입'은 습관이다. 습관이 잘 되어 있는 상담자는 높은 동의율을 기본 옵션으로 가지고 있다.

지금까지 복잡하게 상담하고 있었다면 위의 질문에 답하며 체크해 보자. 상담이 심플해질 때 동의율은 자연스레 올라갈 것이다.

1. 환자를 끌어당기는 상담가의 7가지 비밀

1. 상담 시간에 제한 시간을 두지 않는다.

시간제한은 오히려 환자의 선택을 '비용'이라는 좁은 선택권으로 밀어 넣는 것과 다름없다. 우리 병원만의 가치를 전달하고, '왜' 이곳에서 해야 하는지, '왜' 지금 해야 하는지를 인식시키는 데 집중한다.

2. 상담 동의율에 집착하지 않는다.

상담 동의율은 중요하지만, 이를 강제로 끌어내는 것은 오히려 환자와의 신뢰를 떨어뜨릴 수 있다. 환자의 현재 상황과 마음을 이해하고, 다가갈 수 있는 적절한 방식의 상담을 해야 한다.

3. 쇼핑 환자라고 대충 응대하지 않는다.

상담자의 노력에 따라 쇼핑 환자라고 생각했던 환자가 우리 병원에서 치료를 진행할 수 있다.

4. 어떤 원장님과 일하느냐에 따라 나의 포지션을 바꾼다.

나는 어떤 상담가가 되고 싶은가? 우리 병원 원장님은 어떤 사람인가? 서로의 부족한 부분을 채우기 위해서 지금 당장 무엇을 하면 좋을까? 늘 고민하고 연구해야 발전이 있다. 나의 포지션을 고집부리지 않고 변화시키는 순간, 반드시 성장한다.

5. 환자가 무엇을 원하는지에 집중한다.

'열심히 하는 본인'의 상담에 취해 있어서는 발전이 없다. 열심히 환자에게 집중하고, 관찰해야 홀딩할 수 있다.

6. 상담의 장애물이 있다면, 제거한다.

겉으로 판단해 만들어버린 '내가 만든 장애물'들이 치과의 가치를 떨어뜨리고 있는 것은 아닌지 생각해봐야 한다. 말이 통하기보다, 마음이 통하는 상담을 했을 때 환자 마음의 문이 열릴 수 있다. '내가 만든 장애물'을 하나씩 제거하며 환자에게 다가가 보자.

7. 환자와의 상담에 몰입한다.

환자와의 상담에 몰입하는 것, 참된 상담자가 갖춰야 할 덕목이다. 상담 중 하는 '몰입'은 습관이다. 습관이 잘 되어 있는 상담자는 높은 동의율을 기본 옵션으로 가지고 있다.

2장

환자가
다른 병원을 선택하는
사소한 이유

1

우리 병원만의 특별한 소개
인사말을 만들어라

"병원이 오래되고 낡아서 장점은 잘 모르겠어요."

"원장님이 진료를 너무 못해요."

"수가가 너무 높아서 제가 상담을 잘 할 수 있을지 모르겠어요."

이제 막 상담을 시작하려는 선생님들에게는 여러 가지 장애물이 있지만, 그중 하나는 '무지'하다는 것이다. 병원을 잘 모르거나, 원장님을 잘 모르거나, 진료내용이나 치료과정을 잘 모르거나, 본인을 잘 모르거나.

환자가 병원을 선택할 때 위치, 원장님의 학력, 후기, 시설, 가격 등이 영향을 미친다. 그러나 그것만으로 치료를 결정짓지 않는다. 환자의 선택과 결정에, 결정적 영향을 끼치는 것이 어느 한 가지 요소만 있는 것은 아니다. 여러 가지 복합적인 이유들로 결정을 내린다. 그렇기에 다양한 방법의 해결책을 제시할 수 있도록 준비해야 한다.

연륜이 있는 상담가라면 병원에 내원하는 환자에게 병원의 장점이나, 원장님의 장점에 대해 술술 말할 수 있다. 환자에게 초점을 맞추지 않고 무분별하게 장점을 나열하는 것은 반감을 살 수 있지만, 환자 입장에서는 본인이 근무하는 병원에서의 자부심을 엿볼 수 있다. 자신감에 차 있는 상담가가 환자의 상태를 정확하게 파악하고, 고민하는 부분에서 "원장님께서 워낙 ○○ 진료에 대해 일가견이 있으시고 결과물이 굉장히 좋아요. 믿고 맡겨주시면 최선을 다하겠습니다. ○○ 님께는 건강을 회복하시는 것에만 전념해주세요."라고 했을 때 높은 확률로 병원과 원장에 대한 신뢰가 생긴다.

너무나도 당연한 말이지만 환자가 통증과 불편을 느끼고 병원에 방문했을 때, 병원은 환자의 통증과 불편을 해결해줄 수 있어야 한다. 이때 상담가는 원장님의 진단을 기반으로 잘 정리된 상담을 이끌어야 한다. '잘 정리된 상담'이란 환자에게 맞는 치료 방법과 그에 따른 비용, 치료 기간, 치료 후 결과에 대해 환자가 이해하고 합리적인 선택을 할 수 있도록 하는 것이다. 이뿐만이 아니라 치료 완료 후 정기검진 시스템까지 잘 갖춰져 있다면 환자는 흔쾌히 자신의 질병과 앞으로의 건강을 믿고 맡길 수 있다.

지피지기면 백전백승이다. 장점을 알면 어필할 수 있고, 단점을 알면 컴플레인을 예방할 수 있다. 장점과 단점은 서로 유기적이라 잘 접근만 한다면 우리병원의 '특별한 포인트'를 만들어 낼 수 있다. 도저히 병원 내에서 눈을 씻고 찾아봐도 없다면, 내가 되어보는 것은 어떤가.

말이 많아 체어 타임이 길어지는 원장님은 '한 명, 한 명 꼼꼼하고 세심한 진료를 보는 원장님'이 될 수 있고, 손이 느려 매번 예약 환자가 기다리게 만드는 원장님은 '위임진료를 하지 않고 직접 모든 치료를 하는 원장님'이 될 수 있다. 이것들은 그저 포장한다고 되는 것이 아니라 실장 또는 상담가가 병원 또는 원장님에게 애정이 있어야 가능한 일이다.

진료를 너무 못해서 걱정되는 원장님이라면, 정기검진을 통해 계속 상태 확인을 해야 할 수도 있다. 이때 정기검진에 의미를 부여해서 특별함을 갖추는 것도 상담가의 역량이라고 볼 수 있다. 병원 입장에서는 탈이 날까 봐 팔로우업체크(Follow Up check)가 꾸준히 필요한 상황이더라도, 치료 종결 후 관리 시스템이 잘 되어있는 병원이 될 수 있는 것이다.

어떤 사람은 이렇게 말할지도 모르겠다. "원장님이 진료 자체를 못 하면, 원장님이 진료 스킬을 늘려야지 상담가가 말재주로 해결하는 게 과연 실력인지 모르겠다."라고 말이다. 그 말도 맞다. 내가 말하는 요지는,

원장님의 진료 실력이 떨어지더라도 거짓말로 후려치라는 말이 아니다. 당연히 원장님도 진료 능력을 키우기 위한 노력을 할 것이다. 그러나, 처음 경험 부족으로 인한 '어쩔 수 없음'은 정기검진이나 다른 시스템으로 책임을 져야 한다. 경험이 부족하고 실력이 조금 떨어진다고 해서 그게 원장님 평생 실력이 아니다. 모든 사람은 다 처음이 있다. 그 처음을 마치 '원장만의 잘못'인 그것처럼 몰고 가버리면 이 세상에 개원 치과는 가면 안 되는 곳이 된다. 오래되고 경력이 많은 원장이라고 실력이 뛰어난 것도, 환자의 마음에 쏙 드는 것도 아니다. 비슷한 실력이라면 어떻게 표현하고 어필하느냐에 따라 달라진다.

환자에게 상담하며 약속했던 내용들이 잘 지켜지고, 만족스러운 결과가 나오면 신뢰에 기반한 소개 환자 창출은 자연스럽게 이어질 수밖에 없다. 나는 이 과정의 첫 시작을 상담에서 시작한다. 잘 정리된 상담을 하면, 환자는 병원이든 원장이든 상담가든 셋 중 하나 이상을 신뢰하게 된다.

자, 우리 병원만의 특별함을 찾아냈다면 소개 인사말로 장착해보자. 소개 인사말이라고 해서, 꼭 소개할 때 첫 멘트에 들어가야 되는 것은 아니다. 우리 병원을 소개할 때, 그 안에서 특별함을 녹여내면 된다.

"10년 AS, 끝까지 책임지고 함께하는 병원"

"최첨단 장비를 사용한 스마트한 병원"

"환자의 마음까지 어루만지는 세심한 진료진"

"위임진료 없이 한 명, 한 명 최선을 다하는 병원"

"자연치아를 최우선으로 살리는 병원"

"특별한 환자케어 시스템으로 우리 가족 평생 주치의가 되어주는 병원"

만일 병원이 정말로 특별하지 않으면 어떤가? 특별한 당신이 있는데. 뭐든 부스러기라도 찾아낸다면 문제없다. 그것을 정말 특별하게 만들어 내면 되니까.

2

왜 '우리' 병원에서 '지금' 치료해야 하는가? 3WHY를 공략하라

수많은 병원 중 왜, '우리' 병원에서 '지금' 치료받아야 할까? 이 질문에 바로 답변할 수 있는가?

내가 상담 강의에서 제일 강조하는 것은 바로 '3WHY' 공략이다. 나 역시도 환자에게 상담하러 들어가기 전 전체적인 내용과 흐름을 한 번 더 확인하고, 3WHY를 되뇐 후 상담실로 향한다. 이것은 환자를 놓치지 않는 나만의 필승법이다. 상담의 하이라이트와 클로징 때 꼭 언급하는 3WHY는 많이들 알고 있지만, 의미가 제대로 부여되지 않아 환자에게 전달되지 않을 때가 많다. 그래서 되짚어주고 싶다.

Why: 왜 우리 병원이어야 하는가?

Why: 왜 이 치료 방법이어야 하는가?

Why: 왜 지금 치료받아야 하는가?

3WHY는 상담 내내 촘촘하게 접근함으로써 내가 한 상담과 유기적으로 묶여야 효과가 강력해진다. 하나씩 살펴보자.

첫째, '왜' 우리 병원이어야 하는가?

옆 건물, 바로 옆 건물, 바로 내 위층, 아래층 여기저기 병원이 넘치고, 저렴하고 잘하는 병원도 많고, 새로 생기고 깨끗한 병원도 있고, 지인이 추천해준 병원도 있는데 왜 하필! 우리 병원에서 치료받아야 할까? 그에 대한 답을 환자가 스스로 내릴 수 있도록 만들어야 한다.

원장님이 꼼꼼해서, 기계가 최신식이라서, 상담 실장이 믿음직스러워서, 여기 병원이라면 결과가 좋을 것 같아서, 의료진이 친절해서, 쾌적한 환경이라서 등. 사람마다 병원을 선택하는 기준은 모두 다르다. 그 선택의 결과가 우리병원이 될 수 있도록 하는 것이 바로 우리의 역할이다.

강남의 임플란트 메카에서는 전국 각 지역에서 사람들이 몰려온다. 발 디딜 틈도 없다. 임플란트 공장처럼 심고, 심고 또, 심는다. 이러한 환경에서 최상의 서비스를 바라기는 어렵다.

한의원에서는 아프다고 온 환자에게 정상이니까 가라고 하지 않는다.

불편한 부위의 온열치료를 하고, 부항을 뜨고 침도 놓아준다. 중요한 것은 바로 그것이다. 환자가 불편함을 토로했을 때, "정상이라서 괜찮아요. 돌아가세요."가 아닌, "정상 소견이지만 불편감이 있으시니 일주일 체크를 해볼게요."라거나 약을 드셔보라고 처방을 내는 것이다. 즉, 뭐라도 제공한다는 것이다.

병원에 오는 환자들은 처음 방문해서 접수하고, 치료받고 예약을 하고 집에 가는 모든 접점마다 '경험'을 한다. 그 경험을 통해 만족하는 것은 '가격'이 아니다. 우리는 저렴한 금액을 제공하는 게 아닌, 환자에게 병원의 좋은 경험과 만족 그 이상의 부가가치를 제공해야 한다. 여기서 환자의 첫 번째 WHY가 충족된다.

둘째, '왜' 이 치료 방법이어야 하는가?

의사마다 진단이 다를 수 있다. 손목이 시큰거려 한의원에만 가도, 어느 의사는 약 먹으면서 지켜보자고 하고, 어느 의사는 당장 침 치료를 시작하자고 한다. 두 진단 중에 틀린 것은 없다. 접근방식이 다를 뿐이다. 다만 비용 차이가 크게 나는 진단이라면 이야기는 달라진다.

치아가 깨진 상황에서 치과를 방문했다고 가정했을 때 A, B, C 치과마다 아래 표와 같이 다 다른 진단과 금액이 나왔다고 하자.

A치과: 증상이 없으니 일단 지켜봅시다.

– 치료 비용 없음

B치과: 깨진 정도가 있어서 부분적으로 씌우는 인레이 치료를 받아야 합니다.

– 치료 비용 30만 원

C치과: 깨진 정도가 심해 신경 치료 후 크라운 치료를 받아야 합니다.

– 치료 비용 50만 원(신경 치료 비용 별도)

과연 어떤 진료가 맞고, 어떤 비용이 맞을까? 각각 진단의 차이가 크게 나고, 비용 차이가 크게 나면 환자는 당연히 혼란스러울 수밖에 없다. 상담자 역시 혼란스러운 상황일 수도 있다. 원장님이 "충치 제거해보고 레진 아니면, 인레이하고, 그것도 아니면 신경 치료하고 크라운 해야 할 것 같아." 이런 진단은 나도 할 것 같지만, 생각보다 이렇게 말씀해주시며 마취부터 하시는 원장님이 참 많이 계신다.

치료하다 보면, 예상하지 못한 반응이나 질병으로 상위진료를 시행해야 할 때가 있다. 환자에게 신뢰받으려면, 내가 먼저 원장님을 신뢰해야 하지만 앞의 진단으로는 신뢰를 주기 어렵다. 이럴 땐, 진료에 대한 여러 가지 가능성을 미리 고지한다. 이를테면, "저희 원장님께서는 자연치아 살리는 것에 가치를 두고 계세요. 충치 치료는 충치를 제거하는 치료입니다. 어떤 충치 치료든, 치아에서 충치가 제거되면 돌이킬 수 없어요. 그래서 다소 치료 기간이 길어지더라도 바로 신경 치료를 들어가는 것이 아니라, 레진 치료를 우선 시행해서 증상을 보고 괜찮으시면 이대로 정기검진, 증상이 있으시면 신경 치료 가능성이 있겠습니다. 저희 치과에서는 최소의 범위로 최선의 진료를 하는 것이 목표입니다."라고 미리 설명해 드리면 대부분은 이해한다. 아니, 오히려 자연치아를 살리려는 노력을 높이 사서 우리 병원을 좋은 병원으로 인식하게 된다. 하다가 레진 충전이 아닌 신경 치료를 하게 된다고 하더라도 불만을 토로하지 않는다. 오히려 살리려고 노력해준 원장님의 정성에 고마워한다.

셋째, '왜' 지금 치료받아야 하는가?

생각보다 많은 환자가 극심한 통증이 아니라면, 본인이 생각하지 못한 치료비에 대해 방어적인 모습을 보인다. 특히, 아프지 않았던 치아를 빼고 임플란트해야 하는 경우가 이에 해당한다.

"지금까지 아픈 적이 없었는데, 이를 꼭 빼야 하나요?"

"그러면 이만 뺄게요. 임플란트를 꼭 해야 하나요?"

이를 뺀 지 한참 된 곳에 임플란트해야 한다는 진단을 받은 경우도 마찬가지다.

"일상생활에 전혀 지장이 없는데, 임플란트를 꼭 해야 하나요?"

이럴 때 나는 해야 하는 이유를 먼저 설명하기보다는, 불편감이 없어서 계속 방치했을 때 일어나는 연쇄효과에 관해 설명하는 편이다. 옆 치아들이 무너지거나, 맞물리는 치아가 없어서 내려온다거나, 염증이 퍼져 멀쩡한 옆 치아까지 영향이 있다거나 이후 벌어질 상황을 설명한다. 그래서 지금이 가장 빠른 치료 시기라고 강조한다. 미루면 미룰수록, 상태는 계속 악화되어 지금과 같은 치료 방법으로 치료를 하지 못할 가능성이 있고 오히려 치료 비용과 치료 기간이 늘어날 가능성이 커진다고 말이다.

환자들은 지금 당장 치료 받는 것이 가장 돈을 적게 쓰면서 치아를 살릴 수 있는 최고의 방법이라는 것을 모른다. 그러므로 일방적으로 가르치듯이 말하거나 답답해하지 않고, 하나하나 차분히 설명해 드린다. 이러한 나의 진심이 전달되었기 때문일까? 여기까지 말하면 대부분은 바로 진행하신다.

3WHY를 염두에 두고 환자분에게 촘촘하게 잘 인식 시킨다면, 기꺼이 우리 병원에서 치료를 시작할 것이다. 당장 오늘 치료를 결정짓지 않고 가시더라도 불안해하지 말자. 전화든, 방문이든 수개 월이 지난 후라도 진행할 가능성이 있으니까 말이다. 본인이 진료하지 않아도 가족이든 지인이든 어떤 형태로든 다시 우리 병원에 찾아올 것이다.

3

비싼 가격에
망설이는 환자?

"너무 비싸요."

환자의 비싸다는 말속에 3가지 뜻이 들어 있다는 사실, 알고 있는가? 비싸다는 말은 '내가 준비한 것보다 비싸다.', '다른 병원보다 비싸다.', '그냥 무조건 비싸다.'로 나누어진다.

환자가 비싸다고 말을 하면 "저희 병원이 비싼 건 아니에요."의 부정이나, "비싸다고 생각할 수 있어요."라고 공감하기 이전에 환자의 속마음을 먼저 들여다볼 필요가 있다. 그 속마음은 질문으로 끌어낼 수 있다.

다른 병원보다 '비싼' 경우

다른 곳에서 상담을 받았는데 그 병원과 금액 차이가 나는 경우다. 이런 경우 "저희는 고급 재료와 최첨단 장비를 사용해요. 원장님도 꼼꼼하시고요. 그 금액에 비하면 전혀 비싸지 않아요."라고 설명하거나, "저희는 좋은 재료만을 사용해서 비싸요."라며 다른 곳에 비해 비싼 이유를 논리적으로 설명하려고 노력한다.

지금, 이 글을 읽는 분들은 어떤 생각이 드는가? 과연 이렇게 말하면 환자들은 '아, 그렇구나!' 하고 바로 이해할까? 그저 본인 병원 자랑만 하는 것 같고 그다지 와 닿지 않는다. 중요한 건 환자가 '왜' 치료 받아야 하는지, '왜 이곳에서' 받아야 하는지 그 이유를 명확히 전달하는 것이다.

"아~ 다른 곳에서도 상담 받아보셨어요~? 정말 잘하셨어요. 아무래도 '내 몸'에 치료를 받는 거기 때문에, 번거로우시더라도 여러 병원에서 원장님 진단도 받아보시고 상담 받으시는 게 좋죠~. 저희 병원은 같은 치료를 진행하더라도, 정밀 진단부터 모의 수술하는 것, 결과 예상까지 모두 시뮬레이션을 거치기 때문에 만족도가 굉장히 높으세요. 원장님께서도 워낙 꼼꼼하셔서 멀리서 오시는 소개 환자분들이 많으세요."

환자가 이야기한 말을 부정하는 것 보다, 실제 이야기를 기반으로 구체적인 답변을 하면서 설득하는 것이 더 효과적이다. 자신감 있게 말하는 나의 말과 태도에, 환자는 마음을 결정할 것이다. "여기는 임플란트가 120만 원이에요? 근데 강남에는 반값도 안 하던데."라는 환자의 말속에는 '여기서 치료 받고 싶지만, 너무 비싸니까 싸게 해줘.'라는 의도가 있다. 이 의도를 파악하고 여기가 좀 더 비싸지만 여기서 왜 받아야 하는지 그 가치를 알려주어야 한다.

임플란트는 '반영구 치료'다. 영구적인 것이 아니다. 예전에는 임플란트를 처음 하는 환자들이 더 많았다면, 이제는 이미 임플란트 시술을 받은 경험이 있는 환자들이 많다. 거기에 한술 더 떠서, 실패한 임플란트를 재식립하는 환자분들까지 늘어나는 추세다. 단순 가격 비교만 하는 것은 하수나 하는 행동이다. 우리는 환자에게 그 이상의 가치를 주어야 한다.

나는 치료를 받는 동안의 과정, 경험, 완료 후 만족, 꾸준한 관리 등을 어필한다. 예전에야 임플란트의 기능이 많이 차이 났지만, 최근에는 그렇지 않다. 국산 임플란트에서도 기술력이 굉장히 상승한 것을 알 수 있다. 또 임플란트 자체의 기술력이 올라간 만큼, 보철 기술력이 굉장히 좋아졌다. 그래서 대충 던져 심은 것처럼 보여도 보철에서 보완되어 제 기능을 하기도 한다.

예전에는 저렴한 임플란트를 심으면 저렴한 재료만을 사용해서 할 말이 꽤 있었지만, 요즘은 일반 치과와 같은 제품과 재료를 사용한다고 홍보하고 있다. 그렇다면 환자가 망설일 부분이 있는가? 대형 병원에, 원장도 여럿에, 임플란트도 저렴한데. 안 할 이유가 하나도 없다.

나는 환자가 말도 안 되는 저렴한 금액의 임플란트와 우리 병원의 임플란트를 비교해 금액을 후려치려고 한다면 꽤 단호하게 말하는 편이다.

'저렴한 비용'만이 최고의 가치라고 생각하는 환자는 저렴한 치과에서 치료 받는 것이 맞다. 다만 '합리적인 비용'으로 '질 좋은 치료'를 하고 싶다면 우리 병원에서 치료하는 게 맞다. 이런 경우 논리적으로 설명하려 하지 말고, 생각을 전환할 수 있도록 '설득'을 해야 한다. 환자가 그런데도 기꺼이 우리 병원을 선택하도록 말이다. 세일즈는 시간과 확률의 게임이지만, 병원에서의 세일즈는 그 이상의 가치가 있어야 한다.

내 생각보다 '비싼' 경우

그냥 단순 충치 치료 정도로만 생각하고 왔는데 이를 빼고 임플란트 치료를 해야 한다거나, 신경 치료하고 이를 씌워야 한다고 하면 충격을 받을 수밖에 없다. 이 경우 환자는 단순히 '비싸다.'라는 것이 아니라 이 치료가 왜 필요한지 이유를 찾지 못한 것이다. 왜 단순 충치 치료로만은 할 수 없는지, 이를 뺄 수밖에 없는지를 먼저 명확하게 인식시켜주어야 한다. 그런 다음 비용 설명이 들어가 줘야 한다.

예를 들어, 치아를 두 개 뺀 환자가 임플란트 두 개만 생각하고 치과에 내원한다면, 그 비용만 생각했을 가능성이 높다. 하지만 진단 결과 이를 뺀 채로 오래 방치되어 뼈가 많이 녹아 있는 상태라 뼈 이식이 필수로 동반되어야 하며, 임플란트 치료를 하려면 옆 치아가 없어서 무너진 주변 치아까지 치료해야만 하는 상황이라면 예상한 금액은 우습게 넘길 수밖에 없다. 이럴 때, "임플란트 치료를 하셔야 하는데, 뼈가 매우 부족해서 뼈 이식이 필요한 상황이세요. 또, 여기 쓰러져 있는 치아는 임플란트가 들어갈 공간을 방해해서 깎아서 씌워야 하는데 그렇게 되면 총비용은 000만 원입니다."라고 말한다면 환자는 당황할 수밖에 없다. 필요하다니 이해하려고는 하지만 부담스러울 수밖에 없다. 30대 정도 직장인의 경우 알겠다며 그렇게 진행하는 경우도 있지만, 아직 학생인 경우나 가정이 있는 사람이라면 쉽게 그 자리에서 오케이 하기란 어렵다.

꼭 필요한 치료이기 때문에 설명해 드렸지만, 환자는 치료 결정을 보류하게 된다. 환자는 임플란트 2개를 할 생각으로 치과에 방문했지만, 생각보다 더 큰 비용에 마음이 좋지 않다. 이런 경우, 아무리 추가 치료의 필요성이 있다고 하더라도 환자에게 통보하듯이 말하지 말아야 한다. 환자에게 선택할 수 있도록 하는 것이다.

막힌 부분에서는, 질문을 통해 힌트를 수집하는 과정을 거친다. "식사는 지금 어느 쪽으로 하시는 게 좀 더 편하세요?", "혹시 오른쪽으로 식사하고 계세요? 왼쪽이 불편하셔서 꽤 오랜 시간 오른쪽으로 식사하셨는데, 한쪽만 사용해서 오른쪽도 아프거나 불편하지는 않으세요?" 등의 질문을 해서 긍정적인 답변을 끌어낸다.

"사실, 옆 치아를 손대지 않고 임플란트를 심으려면 ○○ 님 생각처럼 그렇게 하실 수도 있어요. 하지만, 그렇게 되면 임플란트의 모양이 대단히 예쁘지도 않고, 음식물이 많이 낄 수 있어요. 저희도 치료할 때 제대로 해드리는 것이 맞고, ○○ 님께서도 치료 한 번 할 때 제대로 하는 게 나으실 거예요. 치료 방법은 설명해 드린 이 방법이 최고의 방법인데, 혹시 지금 불편하신 왼쪽부터 치료 받아보시는 것은 어떠세요? 이렇게 하면 ○○ 님께 좋은 방향으로 치료를 해드릴 수 있고 금액적인 부분도 처음 생각하신 부분과 비슷하게 나올 거예요. 왼쪽 치료를 제대로 받아보시고, 이후에 괜찮으시면 오른쪽 치료를 이어서 받아보시는 것은 어떠세요? 저희 치과에서도 많은 분이 한 번에 치료 받는 것이 아닌 오른쪽, 왼쪽 나눠서도 많이 받으세요. 양쪽 다 한 번에 치료 받게 되면 비용도 비용이지만, 아무래도 식사가 조금 어려워서요. 저희 치과에서 진행하게 되면, ○○ 님 불편한 부분 체크하면서 해결될 수 있도록 노력할게요."라며 환자분의 보류 사유를 금액이 아닌, 불편감에 두고 말씀드린다. 이 상담을 통해 본인의 치아 상태와 비용에 대해 인지하고, 받아야 할 치료에 대해 충분히 이해할 수 있다. 치료를 시작하고, 다음 치료에 대해 천천히 준비할 여유를 가질 수 있다.

완전히 놓치는 것보다, 상담을 통해 한쪽이라도 진행하고, 결과로 보여드린다. 여기까지 상담이 되면, 사실 환자는 상담자에게 신뢰와 호감이 생길 수밖에 없다.

무조건 '비싸다'라고 하는 경우

마지막으로 막무가내로 비싸다고 무조건 싸게 해달라는 사람이 있다. 이 경우에는 저렴하면서 꼭 필요한 치료만 진행한다. 그리고 그 외 비급여 진료는 결정되면 오시라고 말씀드린다. 당장 아픈 것만 없애주길 바라는 환자에게 자꾸 고가의 진료를 권하면 오히려 일어나서 가버린다. 병원의 콘셉트가 고가 진료를 추구하는 곳이 아닌 동네 병원이라면 이런 환자들도 놓치지 말아야 한다. 지금은 비용 문제로 급한 것만 치료하지만 정말 마음으로 상담해준 병원을 마음속 깊이 저장해놓고 시간이 흐른 뒤에 다시 찾아오기 마련이다. 길게 호흡을 갖고 다가가자.

당장은 안 해도 되지만 놔두면 더 안 좋아지니 꼭 치료하시라는 설명과 함께. 더 이상의 치료를 할 마음이 없는 사람은 설득하기보다 그에 맞춰 최소한의 진료를 권하는 것 또한 환자의 니즈를 충족시키는 것이다.

환자가 말하는 '비싸요.'에는 많은 의도가 숨어 있다. 그 의도를 우리가 질문을 통해 찾아내고 니즈를 충족시켜주어야 한다. 가장 좋은 상담은 환자의 니즈를 파악하고 해결해줄 수 있어야 한다.

4

상담의 본질을
찾아라

정보에는 보이는 것과 보이지 않는 것이 있다. 환자의 초진차트, 엑스레이, 실제 상태 등이 보이는 정보다. 보이는 정보는 쉽게 얻을 수 있지만 보이지 않는 것에 대한 정보는 쉽게 얻을 수 없다. 육체적인 불편함과 통증은 심리상태에도 영향을 끼치며 환자를 괴롭힌다. 이 심리가 바로 보이지 않는 정보다.

일용직에 근무하는 A씨는 갑자기 멀쩡하던 치아가 흔들리며, 주변이 부풀어 오르기 시작했다. 병원을 다녀올 시간도 없었지만, 시내까지 나가려면 한참이라 진료 받는 것을 포기했다. 하루 이틀은 진통제로 참아

봤는데, 사흘부터는 참을 수 없게 되었다. 일을 하려면 힘을 많이 써야 하는데 밥을 제대로 먹지 못하니 힘도 못 쓰고 점점 예민해졌다. 겨우 오후에 시간을 내서 병원에 방문했더니 접수 마감 시간에 가까워졌다.

얼른 진료 받고 약만 타서 가려 했더니, 당장 이를 빼야 한다는 소리를 들었다. 갑자기 이를 뺀다는 것이 마음에 들지 않았지만, 너무 아파서 그냥 빼기로 했다. 다시 현장으로 복귀해야 해서 빨리 마취하고, 빨리빨리 이만 빼고 끝내줬으면 좋겠는데 갑자기 임플란트 상담을 받으러 상담실로 오라는 말에 불만이 생겼다. 속으로 '나중에 할 때나 임플란트 설명하면 되지, 지금 뭔 임플란트여. 바빠 죽겠는데.'라고 생각이 들어 짜증이 났지만 일단 상담실로 향했다.

"아 그래서 임플란트는 얼만데? 싸게 해줘. 싸게."

앉기도 전에 하는 말에 맥이 안 빠질 상담자는 없을 것이다. 나 역시도, 순간 심장이 쿵쾅거렸다. 솔직히 예전 같으면 표정 관리도 안 된 채로 '그럼 싼 데 가서 하세요~'라고 관심 없이 말했겠지만, 웃으며 프로답게 인사했다. "안녕하세요. 상담 도와드릴 실장, 최이슬입니다."

쉽지 않을 상담을 예상했지만, 이런 경우일수록 힘을 빼면 오히려 좋다. 가볍지만, 현재 상태에 맞는 질문을 던지며 환자와의 소통을 시작했다.

"오늘 일 끝나시고 바로 오셨다고 하셨는데, 평소에도 오시면 이 정도 시간이 되실까요?"

"차가 많이 막히지는 않으셨어요?"

"통증은 지금 진통제를 드시고 좀 나아졌다고 하셨는데, 오늘이 가장 심하신가요?"

"식사는 반대쪽으로 하고 계시는 거죠?"

"반대쪽도 딱딱한 음식을 드시는 것에는 무리가 있어 보이는데, 불편한 것은 없으세요?"

"일 때문에 바쁘셔서 자주 못 오신다고 하셨는데, 두세 달에 한두 번도 어려우세요?"

"쉬는 날은 혹시 어떻게 되세요?"

환자분이 대답할 수 있는 간단한 질문들로 시작해 공감하며 상담에 급하지 않게 접근했다. 물론 중간중간, "지금은 바빠서 안 돼. 못해. 치과 오려면 일 빼야 되는데. 안 되지. 뭐 나 굶어 죽으라고?", "아니 약만 받으러 왔는데 뭔 이를 빼라 하고. 임플란트하래. 돈도 없어 죽겠고만. 쉽게만 해줘. 아니~ 그냥 약만 줘." 등의 쉽지 않은 고비들이 있었지만, 동요하지 않고 나만의 페이스로 질문을 해나갔고, 나중에는 내 이야기에 집중해주셨다.

"통증 때문에 식사가 많이 어렵다고 하셨는데, 사실은 이게 거의 기능을 못 하고 있거든요. 뼈는 다 녹고, 잇몸에만 달려 있어서 아프신 거예요. 약 드시고 나면 진통제니까 조금은 괜찮아지실 테지만, 또 며칠 있다가 무리하시고 몸이 피곤하시고 하면 많이 붓고 염증 때문에 아프실 거예요. 염증 때문에 뼈가 계속 녹고 있어서 아픈 건데, 이 염증이 계속 커지거든요. 그럼 멀쩡한 옆 치아까지 같이 흔들리면서 아플 수 있어요. 이 치아 하나만이라도 오늘 빼고 가실게요. 이를 빼고 나면, 앓던 이가 빠지니까 아물기만 하면 식사는 가능하실 거예요. 어차피 여기는 있으나 마나 한 치아라서 단단한 것도 못 드시고 하셨을 텐데 오히려 이 빼시면 훨씬 더 나으실 거예요. 임플란트는 나중에 ○○ 님 일 조금 여유로워지시고, 시간 내실 수 있을 때 진행하셔도 괜찮아요. 근데, 너~무 늦으시면 안 되니까 제가 까먹으실 때쯤에 슬쩍 안부 차 문자 드릴게요. 그때 오셔서 한번 볼게요."

사실 환자는 치아 상태에 관해 관심이 없었다고 한다. 그저 아프면 일할 때 거슬리니 빼버리고, 안 아프면 놔두면 된다고 생각했다고 했다. 치아에 신경 쓸 틈이 없었던 하루하루들이었기 때문이다. 하지만, 그렇다고 치아가 아무렇게나 되는 걸 원하지는 않을 것이다. 환자는 당장 생활에 지장이 없게 최대한 치아를 살리면서 저렴하게 치료할 수 있다면 당연히 하고 싶다.

지금 당장 바쁘니까 얼른 뭐든 치료해달라는 환자에게, 그냥 이나 빼달라고 하는 환자에게, 정말 이만 빼주고 끝나서는 안 된다. 환자가 내 가족이라면 어떻게든 붙들고 설명할 것이다. 그런 마음으로 다가가자. 바쁜 환자의 사정도 이해하며 원하는 진료를 해드리지만 '어떤 치료'가 필요한지, '왜' 해야 하는지는 명확히 알고 갈 수 있게 하자. 그래야 방치하지 않고, 이후에라도 치료 받을 수 있다.

당일, 환자분은 이만 빼고 가셨다. 그날에는 미동의로 실패했을지 몰라도, 환자분은 4개월 뒤, 임플란트하러 치과에 방문했다. 제법 반가운 인사를 나누고 재상담에 들어갔을 때는 이전과는 다른 태도를 보여주셨다. "아이, 실장님이 하라면 해야지."라며 임플란트 수술 약속을 잡고 귀가하셨다. 이후에도 환자분은 진료에 협조적이셨고, 주변 분들에게 내 소개도 많이 해주셨다. 소개 받으신 분들은 하나같이 "그날 가면 실장님 계시나요?"라는 질문을 했다. 나중에 들어보니, 환자분께서 '요즘 보기 드문 싹싹한 처자여. 아들만 있었으면 소개해 줬는디.'라며 칭찬을 많이 했다고 했다.

환자를 관찰하는 것은 훈련이 되면, 또는 센스가 있으면 가능한 일이다. 하지만, 그보다 더 특별한 상담을 하고 싶다면, '보이지 않는 것'에도 집중해야 한다. 결국, 상담의 본질은 눈에 보이지 않는 것을 보는 것에 있을지도 모르겠다.

5

환자는 당신이 '전문지식을 뽐내는 것'을
들으러 온 것이 아니다

예전에 동료 선생님과 함께 맞은편 피부과에 사각턱 보톡스를 맞으러 간 적이 있다. 나는 당시 보톡스가 뭔지, 필러가 뭔지 관심도 없었다. 대화의 흐름상 사각턱 보톡스는 턱을 갸름하게 해주고, 필러는 무언가를 채워 넣는 것 정도로만 알고 있었다. 보톡스에 크게 관심 없었는데, 2인 동반하면 39,000원에 받을 수 있다고 열심히 꼬셔서 함께 맞으러 피부과에 방문했다.

입구에서부터 보톡스 행사 금액이 39,000원이라고 홍보하고 있었다. 국산 제품인지 해외제품인지 정확한 기재는 없고, 용량만 적혀 있었다.

초진이라 간략하게 문진표를 작성하고 순서를 기다리고 있었는데 상담실장이 상담실로 호명했다. 상담실장은 원장님이 보기도 전에 내 얼굴을 잠깐 보더니, 오른쪽은 괜찮은데 왼쪽이 교근(턱 측면의 저작근)이 강해 79,000원짜리 보톡스를 맞는 것을 추천했다. 그러면서 왜 79,000원짜리가 더 좋은지 보톡스 제품에 대해 장황하게 이야기했다. 중요한 것은 비싼 보톡스가 왜 좋은지가 아닌, 내가 왜 그 보톡스를 맞아야 하는지가 먼저라고 생각했지만, 전문지식으로 범벅된 이야기가 길어지자 '비싼 게 좋은 거겠지.' 하는 마음으로 그렇게 하겠다고 말했다.

보톡스를 맞기 전에 수납부터 해야 한다고 하길래 곧장 데스크로 향했다. 직원이 79,000원 결제하겠다고 하니, 대기실 소파에 앉아있던 동료 선생님이 놀란 표정을 지었다. 왜 나는 79,000원인지 물어보는 질문에 바로 전에 들었던 설명임에도 기억이 안 나 '몰라요. 그게 더 좋은 거겠죠.'라는 영혼 없는 답변을 했다. 정말이었다. 기억나는 것은 아무것도 없고, 나는 79,000원짜리 보톡스를 맞아야 한다는 것만 머릿속에 남아 있었다.

환자에게 중요한 것은 무엇일까? 환자에게 전달해야 하는 정보는 무엇일까? 환자 개개인의 특성이 모두 다르므로 어떤 환자에게는 비용 차이를, 어떤 환자에게는 실비나 보험 유무를, 어떤 환자에게는 안정성을, 어떤 환자에게는 효과를 중점으로 정보를 전달해야 한다. 이것은 상담 중에 환자를 관찰하며 유추할 수 있다. 전달한다는 것은, 상대방이 받아야 한다는 것을 전제로 한다. 쉽게 말해, 환자가 이해하지 못한다면 전달은 실패한 것이다. 그런데도 나처럼 분위기에 휩쓸려 결제하게 된 환자는 많을 것이다. 전문지식만을 뽐내는 상담은 환자의 기억 속에 남는 게 없을 수도 있다. 그래서 조금이라도 핀트가 어긋나면 컴플레인으로 이어진다. 이런 상담은 불완전한 상담이다.

내가 금액이 조금 더 비싼 보톡스에 오케이 했지만, 실제 만족도는 저렴한 보톡스를 맞은 지인이 훨씬 더 높았다. 물론 만족도는 상대적인 거지만, 나는 멍만 더 크게 들고 비싼 값도 전혀 느끼지 못했다. 마찬가지로 환자에게 처음은 전문지식으로 다가가 기대치를 높여주고, 나중에 눈탱이 맞아 후회할 결제로 결론이 나는 것은 '환자의 등을 돌리게 하는' 최악의 상담이나 다름없다.

혹시 이런 상담을 하고 있지는 않은가?

"환자분께서는 현재 심한 골 손실로 인해 치아를 발거하더라도 3개월 이상의 로딩 기간이 필요하고, 골이식도 두어 번 진행할 수 있습니다. 골이식 비용은 회당 30만 원씩이며, 두 번 진행시 60만 원 별도에, 임플란트 비용 120만 원 해서 총 180만 원입니다."

내용은 간결하고 깔끔하지만, 이것이 100% 상담이라고 할 수 있을까? 아무리 환자들의 덴탈 아이큐가 높아졌다고 하나, 일반인의 지식과 차이가 클 수밖에 없다.

우리가 '잘' 설명해 드렸다고 해도, 환자분들은 "오늘 뼈 이식도 같이했어요?", "오늘 머리까지 다 올라가는 거 아니었어요?", "2차 수술은 뭐예요? 수술 잘 안돼서 또 하는 거예요?" 하는 등의 질문을 할 수 있다. 그럴 때, 한숨 쉬면서 "그때 설명 다 드렸잖아요."라는 식의 대꾸를 종종 보게 된다. 매우 유감스러운 응대라고 생각한다.

해당 치료를 하기 전에 한 번 더 짚어주는 것은 어떨까. "다음번에는 오른쪽 아래에 임플란트 수술 진행하실 거예요. 어려운 케이스는 아니지만, 처음 상담했던 내용과 같이 뼈 이식 진행하실 거예요. 가장 최근에 찍은 CT에도 뼈가 부족한 게 보여서, 부족한 공간에 뼈 이식을 하면서 동시에 임플란트 뿌리 쪽 심으실 거예요. 주변 상태 괜찮으면 기둥 연결하는 2차 수술까지 동시에 진행될 예정이에요. 당일 원장님께서 수술 진행하시면서 언제 보철물 올릴 수 있을지 예상 시기 말씀해주실 거라, 수술 끝나고 한 번 더 설명해 드릴게요."라고 말이다.

예전에 눈매 교정이랑 쌍꺼풀 수술을 받은 적이 있다. 친구가 추천한 병원으로 상담 예약을 하고 방문했는데, 나는 굉장히 무딘 스타일이라 쌍꺼풀 수술에 대한 부작용이나 병원의 후기 등을 알아보지 않고 방문했다. 나는 나를 잘 알았다. 지금과 달리 살이 포동포동했고 쌍꺼풀 라인이 진해지면 굉장히 느끼해질 것 같은 생각에, 티 안 나게 속 쌍꺼풀로만 진행해달라고 했다. 핵심은 눈매 교정이니까.

원장과 간단한 면담이 끝나고 데스크에서 수술 날짜를 잡았다. 결제와 예약까지 참 순조로웠다. 그런데 그것만 기억에 남았다. 수술일은 언제고, 수면마취할 거고, 보호자 동반해야 하고, 예약금은 얼마고, 수술 당일 잔금 처리해야 한다는 것. 같은 설명을 해야 하는 환자들이 많아서 그런지 마치 Ctrl C + Ctrl V 한 것처럼 조곤조곤 본인 할 말만 숨 돌릴 틈 없이 내뱉었다. 그 와중에 목소리 톤은 친절했다. 엄청난 양의 말을 들었지만, 수술 과정에 대한 설명은 빠져 있었다.

나는 분명 수면마취를 해서 '자고 일어나면 다 끝나있겠다'고 생각했는데 아픈데 눈을 떠보라, 감아보라 해서 수술 중에 짜증을 냈다. 마취 기운에 눈이 안 떠지는데 계속 떠보라고 하니까 짜증이 난 것이다. 그때는 어려서 불만스러웠던 기억만 있지만, 지금 생각해보면 환자로서 당연히 그럴 수밖에 없었다. 상담 실장이 환자의 계약금 수납과 수술 일정 잡는 것에만 중점을 두지 않고 환자가 수술 일에 겪을 내용에 대해 중점을 두었으면 편안하게 진료 받았을 것이다.

수술실에서도 혼란스러웠지만, 수술 후 과정도 별로였다. 수면마취의 여파가 채 가시지 않은 상태에서 처방전 비용 결제라든지 다음 예약 안내는 정신만 없을 뿐이었다. 수술 당일에 오자마자 수술비 결제를 말했으면서 처방전 비용은 왜 하지 못했을까? 차라리 "ㅇㅇ일에 있을 쌍꺼풀 수술은 전체 수면마취로 진행되는 건 아니고, 부분 마취까지 끝나면 깨울 거예요. 눈을 떴다 감았다 하면서 모양이랑 라인 확인해야 해서요. 깨운다고 해서 기억이 다 나는 건 아니고, 부분, 부분 기억이 안 나는 정도고요. 수술 시간은 1시간 정도 소요되지만, 상황에 따라 1시간 30분까지도 걸리기도 하세요. 당일에는 수면마취 기운 때문에 회복실에서 회복하시고 보호자 동반해서 귀가하시는 걸 권해요. 약값은 비급여 비용이라 꽤 나올 거예요. 수면마취 후에는 잘 기억이 안 나실 수 있고 정신이 없으실 수도 있어서, 다음 예약도 미리 잡아드릴게요."라고 설명했다면 더 나이스 했을 것이다.

'상담'을 하고 있는가? '설명'을 하고 있는가?

'설명'을 하더라도 흐름에 맞게 설명해야 한다. "검사해보니 치료하실 부위가 여러 곳인데, 먼저 치료 받고 싶은 부위가 있으신가요?"라는 질문을 통해 환자의 우선순위를 확인한다. 환자가 원하는 우선순위가 불편 부위일 수도 있지만, 아닐 수도 있다. 또, 불편 부위와 급한 치료 부위가 다를 수 있다. 중요한 건 환자의 니즈를 먼저 파악하고 그에 맞춰 상담해야 한다는 것이다. 계속 강조하지만, 단순 설명은 상담가가 아닌 그 누구라도 할 수 있다.

불편 부위가 '없는' 경우
: 시급한 순위 또는 치료가 가장 빨리 끝나는 부분부터 설명한다.
불편 부위가 '있는' 경우
: 질문을 통해 파악한 환자의 관심사 순서대로 설명한다. 만약 시급한 부위가 있다면 미리 언급해서 환자가 인식할 수 있도록 한다.

상담할 때는 일정한 패턴이 있다. 모든 사람에게 적용할 수는 없지만 루틴이 있으면 잊거나 빼먹지 않을 수 있다. 아마도 지금까지 읽은 독자들이라면 패턴이 보일 것이다. 내 상담의 패턴은 '인사 → 관찰 → 니즈 파악 → 진료 과정 설명 → 거절 요인 제거 → 클로징'이다.

최이슬 작가의 상담 패턴

1. 인사: 환자에게 눈도장을 찍는다.

2. 관찰: 환자의 C.C, 병원 기록지, 환자 정보, 원장님과의 대화 내용, 치료 계획 등을 파악한다.

3. 니즈 파악: 대화로 환자의 니즈를 파악한다.

4. 진료 과정 설명: 본인이 받아야 할 진료 과정을 설명한다. 이때 상위 진료나, 추가 비용 발생 가능성 등 여러 가지 가능성을 잘 설명해야 미리 컴플레인 등을 예방할 수 있다.

5. 거절 요인 제거: 관찰과 환자와의 대화를 통해 환자가 생각한 장애물들을 제거한다.

6. 클로징: 믿고 따라올 수 있도록 확신을 주며 상담을 마무리한다.

상담할 때 패턴이 있으면 환자를 이해하거나 정확히 진단할 수 있다.

나만의 패턴을 찾아보자.

단순한 세일즈나 설명회가 아닌, 상담을 통해 환자에게 치료받을 수 있는 '방법'을 찾아 주는 것. 그것이야말로 환자가 다른 병원이 아닌, 우리 병원을 선택하는 이유가 될 것이다. 기억하자. 환자는 당신이 전문지식을 뽐내는 것을 들으러 온 것이 아니다.

2. 다른 병원이 아닌, 우리 병원을 선택하게 하는 방법

1. 지피지기면 백전백승! 우리 병원의 무기를 찾아 소개하라.

2. 왜 우리병원에서 지금 치료해야 하는지를 어필하라.

3. 환자가 말하는 '비싸요.'에는 많은 의도가 숨어 있다. 질문을 통해 숨겨진 의도를 찾아내고, 니즈를 충족시켜라.

4. 상담의 본질은, 환자 관찰 시 보이지 않는 것에도 집중할 때 보인다.

5. 단순한 세일즈나 설명회가 아닌, 상담을 통해 환자에게 치료 받을 수 있는 '방법'을 찾아줘야 한다.

3장

환자의
마음을 사로잡는 병원
상담의 법칙

1

상담자의 콘셉트를
먼저 잡아라

상담을 잘하려면 상담자의 콘셉트를 잡아야 한다.

상담자가 무슨 콘셉트냐고 할 수 있겠다. 병원 콘셉트와 철학을 잡으라는 말은 많이 들어도 상담자의 콘셉트를 잡으라는 말은 금시초문일 수도 있다. 상담자도 치과의 분위기나 본인의 포지션에 맞춰 콘셉트가 정해져야 한다. 그때그때 판단해서 어떤 사람에게는 살갑게 동네 친구처럼 하고, 어떤 사람에게는 냉철한 입시학원 실장처럼 할 수는 없으니까 말이다.

푸근한 인상의 원장님, 오래되었지만 깨끗하고 따뜻한 느낌의 병원, 몇 년 동안 보이는 정 많은 직원. 여기까지의 키워드를 봤을 때 상담자의 콘셉트가 어떻게 그려지는가? 아마도 따뜻한 느낌이 그려질 것이다. 병원의 분위기가 포근하고 따뜻한데 혼자만 딱딱하게 응대한다거나, 백화점 VIP 고객 응대에서나 볼 수 있음직한 과한 서비스를 제공할 수는 없다. 병원과 상담자 서로 시너지를 받으려면 같은 콘셉트로 일관성을 유지해야 한다.

젊고 스마트한 원장님, 개원한 지 얼마 안 되어 깔끔하고 세련된 인테리어, 최신식 기계와 어려 보이는 직원들. 이 병원에서의 상담자는 자기 관리가 잘 되어 있고, 전문성을 가지고 있는 이미지가 맞다. 하지만, 내원하는 주 연령층이 예상과는 다르게 60대 이상이 많다면 좀 더 친근하게 다가가는 것이 좋다.

만약 무슨 콘셉트든 어렵다면, 이 두 가지만 따라 해보라.

리액션

나는 리액션을 굉장히 많이 하는 편이다. 평소 상담 시, 가벼운 질문들로 시작해서 분위기를 풀어준다. 환자의 대답에 맞장구도 잘 쳐주고 호응도 잘해준다. 누구나 할 수 있는 뻔한 대답일지라도 감정을 실어 리액션을 하기 때문에, 환자분들에게서 호감을 끌어낼 수 있었다.

케이스가 크면 클수록, 감성적인 상담에 초점을 두었다. 물론 전문지식을 말하며 환자에게 어필하는 것도 중요하다. 하지만 그것은, 언제든지 뽐낼 수 있다. 내공이 탄탄한 사람은 교과서를 달달 외워서 말하지 않아도, 틈틈이 전문성을 보여줄 수 있다.

이미 환자들은 많은 진단과 상담을 거쳐 왔다. 그 상담들과 견주어 '제가 더 상담을 잘해요. 들어보세요. 저 잘하죠? 전문적이죠? 여기서 할 거죠? 오늘 당장 계약하시면 할인해드릴게요'라는 마음으로 다가가면 오히려 환자들은 더 벽을 친다. 진심이 아닌 가식으로 느껴지게 되고, 굳이 여기서 해야 할 이유를 찾지 못한다.

공감

"그동안 많이 불편하셨죠? 고생 많이 하셨겠어요. 이제라도 치료하시겠다고 마음먹었다니, 정말 큰 결심하셨네요. ○○ 님 상태가 좋지 않은 만큼 단기간에 회복도 어렵고, 적응도 어렵고, 치료 과정도 쉽지 않겠지만 분명 치료가 다 끝난 다음에는 '아~ 그때 고생한 보람이 있구나.' 하고 생각하실 거예요. 번거로우시겠지만 꼭 여러 군데의 병원을 방문해보시고 원장님 설명, 상담실장 설명도 다 들어보세요. 거의 비슷비슷하다고 하면, '자주 올 수 있겠다.'라는 병원을 우선순위에 넣어주세요. 치료를 잘해주는 것은 당연히 중요하지만 그게 끝이 아니에요. 더 중요한 것은, 치료가 끝난 다음이에요. 이렇게 고생하셔서 치료 다 해놨다고 평생 병원을 안 가도 되는 건 아니에요. 어떤 치료든 정기검진이 제일 중요해요. 평생 믿고 맡길 수 있는 병원을 선택하시는 거죠."

여기서는 담백하게 다가가는 것이 중요하다. 다른 병원들과 함께 그 경쟁에 뛰어들겠다는 느낌이 아닌, '나는 정말 당신의 상태가 궁금하고,

걱정됩니다. 당신에게 도움을 주고 싶어요. 이렇게 하면 도움이 될 것 같아요.'라는 느낌으로. 이렇게 되면 원장님이 손이 빠르다, 진료를 잘한다, 저렴하다 등의 자랑은 굳이 할 필요가 없어진다. 이 비결은 원장님 손이 빠르지 않고, 진료도 잘 못하고, 특별히 내세울 게 없는 병원에서 근무했을 때 터득한 것이니 믿어도 좋다. 너무나도 평범해서 특별히 내세울 게 없는 병원은 널렸다. 만약, 단 한 가지라도 환자에게 자신 있게 말할 수 있는 것이 있다면 '상담 버프'를 받았다고 생각한다.

상담 컨설팅을 하면서 수강생들에게 나는 이렇게 다가간다고 예시를 들며 이야기하면 간혹, "그건 강사님이셔서 그렇게 할 수 있지 않을까요? 저는 성격이 활발하지 못해서….'라고 하는 분들이 계신다. 그 생각은 반은 맞지만, 반은 틀리다. 내가 환자에게 말하는 것만 봐서는 붙임성 있어 보이겠지만 실은 원래 내 성격이 아니다. 실장이 되면서 내가 후천적으로 만들어 낸 노력의 결실이다.

나는 남에게 크게 관심을 두는 편이 아니다. 먼저 이야기를 꺼내지 않으면 잘 궁금해하지도 않는 편이다. 그래서 다리를 다쳐 입원했다는 친구에게 괜찮냐는 질문 외에 별다른 말을 하지 않았을 때도 이상함을 못 느꼈다. 남편이 어쩌다가 다쳤냐고 물어봤을 때 모른다고 대답하니, '그걸 왜 안 물어봤냐?'고 되물어 봤을 때도, 질문할 생각조차 안 났다고 말할 뿐이었다. 이렇게 말하면 정이 없어 보일 수 있지만, 그게 나다. 감정이 없는 건 아닌데, 그 이상의 것을 잘 생각하지 못한다. 친구를 걱정하지 않은 게 아니라 사고회로 자체가 좀 남다를 뿐이다. '에고. 많이 아프겠다.' 생각은 하지만 그 이상 어찌 표현해야 할지 사실 그 방법도 잘 모르겠디. 이마서도 나름의 표현이다.

그러나, 환자의 일에서는 다르다. 아주 사소한 것 하나 놓치지 않으려고 한다. 내가 말하고 싶은 건 이것 하나다. '내가 원래 이래서', '나는 이런 사람이라서'는 언제든지 바뀔 수 있다. 그것들은 이유가 될 수 있지만, 노력하지도 않고 방패 삼는 것은 성공하지 못한 사람들의 무수한 변명 중 하나일 뿐이다. 언제까지 변명만 할 것인가? 언제든지 나는 다른 사람으로 변신할 수 있다. 당신의 상담은 콘셉트가 있는가? 그 콘셉트에는 '나'와 '병원'을 담고 있는가? 없다면, 이번 기회에 한 번 생각해보길 바란다. 앞서 말한 두 가지만 잘 따라 해봐도 환자가 그 병원을 찾는 이유, 그 병원의 시그니처는 당신이 될 수도 있다.

2

상담 성공률을 좌우하는
신뢰와 호감을 얻는 법

상담 성공률을 좌우하는 것은 '신뢰'이다. 이 신뢰를 얻기 위해 먼저 환자에게 호감을 얻어야 한다. 호감은 진심으로 다가갔을 때 얻을 수 있다. 진심은 그 사람이 무엇을 원하는지 파악하고 그걸 주었을 때 전달이 된다. 내가 주고 싶은 것을 준다고 해서 진심이 전달되는 것은 아니다.

무언가를 더 잘하기 위해 노력하는 것보다 중요한 것은, 무언가를 더 '안 하기' 위해 노력하는 것이다. 즉, '잘못된 습관을 고치는 것'이다. '더하기'보다 '빼기'가 때론 필요하다. 상담 중에 나도 모르게 환자의 신뢰와 호감을 떨어트리는 것들이 있는가? 그렇다면 그것부터 빼자. 잘 빼기만 해도 진심이 더 수월하게 전달된다.

목소리 톤과 속도

"어우~ 아가씨. 목소리 좀 낮춰요. 귀청 떨어지겠네."

실장이 된 지 얼마 안 되었을 때 들었던 말이었다. 연이어 귀가 안 좋으신 어르신들을 상대하다 보니 자연스럽게 말을 크게 하게 되었는데, 미숙했던 때라 조절하지 못하고 큰 소리로 상담을 했었다. 과장될 정도로 크게 말한 것은 아니었기에, 괜찮을 거라 생각했지만, 그것은 내 생각일 뿐이었다. 사방이 막혀 있는 상담실에서 너무 큰 목소리로 말하게 되면, 듣기 좋을 리 없었다.

환자분의 지적을 받고 너무 창피하고 어쩔 줄 몰라 얼굴이 새빨개졌다. 얼른 죄송하다고 말씀드리고, 한 톤 낮춰서 상담을 이어서 진행했다. 지적받아 기분이 나쁘기보다는, 기본적인 매너에 관한 실수를 했다는 것에 스스로에게 크게 실망했었다.

목소리 톤과 속도는 상담에서 아주 중요한 요소다. 시간에 쫓겨 랩 하듯이 속사포로 설명한 상담가가 본인의 이야기를 다 마치고, 환자에게 질문 있냐고 했을 때 환자는 질문을 선뜻할 수 없다. 너무 빠르게 지나가 이해할 틈도 없었고, 귀에 들어오지도 않았기 때문이다. 뭘 이해하고 알아야 질문도 하는 건데, 기억나는 거라곤 금액뿐이라면 이 상담은 치과를 나가는 순간 '잊힐 상담'이 되는 것이다.

더 최악은 상담이라고 말할 수 없는, 시장통에서나 말할 법한 '싸고 맛있는 토마토 한 바구니에 삼천 원~!' 하듯이 일방적으로만 말하고 끝나는 상담이다. 누가 듣는지 중요하지 않은 것처럼 구는 목소리, '내 갈 길만 가겠다'는 태도로 빠르게 소음처럼 말하는 것이다.

적어도 듣기 싫게 말하지는 말자. 기어가는 목소리로 답답하게 말하는 것도 환자 입장에서 듣기 싫을 수 있다. 내 한계라고 생각하지 말고, 노력해서 변해보자. 센스와 다정함도 연습으로 충분히 만들어 낼 수 있다.

목소리에 힘부터 빼자. 차분하지만, 단단한 목소리로 천천히 환자에게 말해보자. 차분하고, 일정하게만 말하려고 하다 보면 지루하게 느낄 수 있으므로, 중요한 순간에서는 강조할 수 있는 단단함을 지녀야 한다. 우리는 누구나 존중받기를 원한다. 환자들은 상담 받으면서도 존중받기를 원한다. 먼저 우리가 환자에게 먼저 다가가고 존중하는 태도를 보인다면 환자도 그 상담에 적극 참여하게 된다.

자주 쓰는 언어

"어…."

"근데~."

"아니, 그게 아니라~."

혹시, 당신에게도 반복적으로 사용하는 언어 습관이 있는가? '어….'라는 표현을 한 후 침묵이 길어지면, 할 말을 잃어 보인다. 해야 할 말을 해내지 못하거나, 지식이 부족해 보인다. 나아가 자신감이 없어 보이고 이 분야에 대한 전문성이 떨어져 보인다. 환자의 질문에 제대로 답변을 한 게 맞나? 의구심까지 들어 보일 수 있다. 나도 모르게 '어…'라는 표현을 자주 한다면, 차라리 입 밖으로 꺼내지 말자. 듣는 입장에서는 '어…'부터 가 대답의 시작으로 보기 때문에, 속으로만 생각한 후, 다음 이어갈 말을 꺼내면 오히려 신중해 보일 수 있다.

한국인의 대화는 '근데'와 '아니'로 시작된다는 우스갯소리가 있다. 그 만큼 추임새로 굉장히 많이 쓰이고 있다. 그러나, 이것은 안 쓰는 게 더 좋은 표현이다. 특히 환자와 대화 중일 때 '근데~.', '아니, 그게 아니라 ~.'라고 말한다면 환자의 말을 정면으로 반박하게 되는 것이다. 필요 없 는 추임새는 빼자.

불안정한 시선

생각보다 많은 사람이 상대방의 눈을 바라보고 이야기하기 어려워한 다. 어디를 봐야 할지 난감해하고, 어색해서 눈을 재빨리 피해 불안정한 시선 처리를 하고야 만다. 마찬가지로 환자분도 나를 바라보고 있지 않 다면 크게 상관없을지도 모르겠지만, 환자분이 나에게 집중하고 있다면, 시선은 환자에게 분명히 향해야 한다.

어색함을 차트나 컴퓨터 화면만을 바라보는 것으로 해결하는 상담가 도 있다. 상담 중에 자연스럽게 차트나 컴퓨터 화면을 바라보며 설명하는 것은 괜찮지만, 고개를 푹 숙여 차트로 시야를 가리고 고개가 옆으로 돌려져 컴퓨터 화면에만 집중해 보이는 것은 좋은 신호가 아니다. 환자 입장에서는 무관심하게 느껴질 수 있다.

'어색함', '부담스러움', '부끄러움'은 잠시 내려놓자. 소소한 질문들을 하며 그 분위기를 바꿔보자. 그것들로부터 자유로워지면 상담이 훨씬 더 부드러워짐을 바로 느낄 수 있을 것이다.

홀딩에만 국한된 마음

환자는 안중에도 없고, 오로지 병원 입장에서의 상담만 하는 것. 어느 것 하나 깊이 생각해보지 않고, 당장 수납에만 마음이 가 있는 상담은 언제라도 큰 탈이 날 수 있다. 나중 일은 생각하지 않고 무분별한 상담으로 그저 홀딩에만 국한되어 있는 마음은 누구에게도 도움이 되지 못한다. 상담 동의율을 높이기 위해 훌륭한 스킬을 연마하는 것은 분명 상담에 도움이 된다. 하지만, 이러한 것들이 습관으로 굳혀서 고쳐지지 않는다면 성장하지 못할 수 있다. 상담을 '나를 위해서' 하지 말고, '환자를 위해서' 할 수 있어야 한다. 이런 마음을 먼저 채웠을 때, 흔들리지 않을 수 있다.

'우연히' 또는 '어쩌다 보니' 상담 동의율이 높은 상담가와 기본지식부터 탄탄하게 쌓아 올린 상담가는 지금은 같은 선상에 있어 보일지라도,

결국엔 엄청난 갭 차이가 날 것이다.

전자의 경우는 본인에게 관대한 편이라 잘못된 습관을 인지하지 못하고, 실수하더라도 '그럴 수 있지.'라고 가볍게 생각한다. 그래서 어느 궤도에 오르면 거기서 제자리걸음을 하게 된다.

후자의 경우는 본인의 잘못된 습관이나 실수는 금방 인지하고, 고치기 위해 노력한다. 상담 기록을 남기는 사람들도 꽤 있다. 어떤 방법으로든 도태되어 있지 않고 앞으로 나아간다.

앞으로 나아가고 싶은가? 환자에게 신뢰와 호감을 얻고 싶은가? 답은 너무나도 간단하다. 그에 반하는 행동들을 빼면 된다. 더하려고만 하지 말고 덜어서 내려놓자. 그것만으로도 훌륭한 상담이 될 수 있다.

3

상담주인공은 상담가가 아닌 '환자'다

우리는 가끔 상담의 주인공을 잊어버릴 때가 있다. 그러다 보니 자꾸 환자의 입장이 아닌 병원 입장에서의 설명회가 되곤 한다. 환자의 상태나 마음을 헤아리지 못하고 금액 설명만을 하는 프로모션을 하게 되는 것이다. 최악의 경우, 환자와 기 싸움까지 하게 된다. 환자를 이해하는 과정이 생략된 채 상담했기 때문이다.

실컷 상담을 들어놓고 가격 비교나 병원을 비교하면서 병원 문을 나선다고 하더라도 환자를 진상으로 볼 수 없다. 진상이라고 치부하기 전, 내가 환자를 주인공으로 염두에 두었는지 돌아봐야 한다. 통상적인 상담은 옆 병원에서도 하고, 그 옆 병원에서도 하고, 그 옆옆 병원에서도 하고 있다.

자, 상담실에 마주 보고 있는 환자에게 관심을 가지고 집중하자. 상담의 주인공은 동의율도, 치료 계획도, 비용도 아닌 '환자' 본인이다. 관심을 가지고 관찰한다고 해서 모든 정보를 알아낼 수 없다. 질문하는 것이 핵심이다. 상담 컨설팅에서도 질문의 중요성에 대해 강조한다. 아무리 강조해도 모자람이 없을 정도로 중요하다. 질문을 하는 이유는 간단하다. 시간을 낭비하지 않고 기회가 되는 키워드를 찾을 수 있기 때문이다. 질문이 거듭될수록 마음의 문을 여는 환자를 볼 수 있을 것이다. 이때 하는 질문들은 시답지 않은 질문들이 아니다. 환자 스스로 무언가를 깨닫고, 생각하게 만드는 질문을 하는 것이 효과적이다.

좋은 질문을 하라고 말하면 막막할 수밖에 없다. 질문하는 게 어렵게만 느껴지니, 더더욱 질문할 시도조차 못 하게 된다. 쉽게 생각하자. '내'가 하고 싶은 질문이 아닌, '환자의 시선'에서 바라보며 질문하는 것이다. 생각보다 단순하게 접근하는 것이 결정적 실마리가 될 수 있다. 병원에 온 이유가 '씹을 때 아파서'라면, 어떻게 하면 안 아플지, 어떤 치료과정이 필요한지, 지금 치료를 받아야 하는 이유는 무엇인지 납득이 되어야 한다. 병원에서 치료받기로 마음먹었던 계기가 '보기 싫어서'라면, 어떻게 하면 개선될지, 어떤 치료과정이 필요하며 어떤 변화가 생길지 이해가 되어야 한다. 이때 환자의 답변에 이야기를 끊지 않고, 정말 흥미로운 이야기를 듣는 것처럼 리액션이 나와야 한다.

경청은 현대 사회에서뿐만 아니라 상담에서도 매우 중요한 처세술이다. 그러나 사람 대부분은 알면서도 그렇게 하지 못한다. 5%만 환자에게 발언권을 주고 자신이 주도적으로 설명하는 실장들도 많다. 서로 주고받는 50:50은 어렵더라도, 환자에게 30% 정도의 발언권은 주자. 치료 계획이나 과정, 내용 등을 설명해야 하니 상담자는 말을 많이 할 수밖에 없다. 그러나 상담에 환자가 참여하지 않고 듣기만 한다면, 결국 듣고 싶은 것만 듣고, 기억하고 싶은 것만 기억하게 될 것이다.

환자의 이야기를 듣다 보면, 정말 많은 정보가 있다. 자녀, 일상, 종교, 불륜, 과거 경험 등 사소한 이야기부터 어마어마한 이야기들까지 듣게 된다. 치료와 상관없는 이야긴데 굳이 그런 것까지 들어야 하냐고 묻는다면 내 대답은 '그렇다'이다. 쓸데없는 이야기는 없다. 결국 내가 어떻게 상담을 이끌어가야 하는지 그 사람들의 성향이나 심리를 알 수 있게 하는 힌트가 된다. 잘 들어주고 리액션 하면서 경청하자. 다만, 바쁜데 너무 동떨어진 이야기만 한다면 중간, 중간 끊고 흐름을 내게 오게 하는 것 또한 스킬이다.

처음 상담하게 되었을 때, 나는 '실장'에 심취되어 있었다. 그래서 환자가 알아듣든 말든 전문지식을 남발했고, 환자가 내용을 이해하지 못하고 "이렇게 하면 안 되나요?"라는 질문을 하면 한숨부터 쉬었다. 금액으로 늘 실랑이를 벌였고, 비싸다는 말에는 "그럼 저렴한 곳 가셔서 하세요."라고 말을 하기도 했다. 이 모든 것은 내 위주로만 생각했기 때문에 일어난 일이었다.

그랬던 내가 바뀔 수 있었던 계기는, 환자가 했던 말 때문이었다. "설명 감사합니다." 이 말을 듣자 내 상담이 갑자기 모자라고 부끄럽게 느껴졌다. 공부를 정말 많이 해서 아는 게 많아졌고, 스스로 전문적이라고 생각했었는데, 한순간에 요란한 깡통처럼 느껴졌다. 내가 누굴 위한 상담을 하는 건지, 그때 처음 되돌아보게 되었다. 이후 나는 전문용어를 쓰지 않는다. 최대한 알아듣기 쉽게 말하려 했고, 환자가 본인의 상태를 인식하고, 내용을 이해했는지 확인하며 상담했다. 설명이 아닌 대화를 하려고 오감을 열었다. 갑자기 대화하려니 낯간지럽고 말문이 막혀 질문을 시작한 게, 첫걸음이 되었다. 상담이 길어지면 지루해할 거라는 생각과 달리 환자들은 기분 좋게 감사 인사를 건넸다. 열심히 설명한 내게 거절하기 미안해서라도 치료를 진행하기도 했다.

연차가 쌓일수록 노하우가 생겨 상담 준비시간이 짧아지고, 상담 시간도 단축될 줄 알았지만 나는 여전하다. 두 번이고 세 번이고 재상담을 요청하면 처음 상담처럼 임한다. 귀찮아하지 않고, 다시 나를 떠올려 우리 병원에 방문하게 되었다는 것만으로도 감사하게 생각한다. 기회가 다시

주어진 만큼 최선을 다한다. 이 최선에는 '상담을 홀딩하겠다.'라는 각오가 깃들어 있지 않다. 그저 병원에 재방문할 만큼 기억에 남았다는 거니까 거기에 부응하고 싶을 뿐이다. 그 생각이 틀리지 않도록, '다시 와보길 정말 잘했다.'라는 생각이 들도록 말이다.

상담 시, 나의 지식과 이야기에만 심취되어 있지 말자. 나의 상담이 아니라, 환자의 상담이다. 상담하며 환자의 시그널을 캐치하자. '나'에게만 집중하면 환자의 시그널이 보이지 않지만, '환자'에게 집중하면 무수한 시그널을 캐치하고 그에 따른 내용으로 대처할 수 있다.

4

질문으로 환자의 니즈를
파악하라

특별히 공부하지 않아도 풀 수 있는 문제들이 있다. 간단한 기본지식
들만 있으면 맞출 수 있는 문제들. 상담도 마찬가지다. 특별히 노력하지
않아도 치료하겠다고 마음먹고 오는 환자들은 치료를 시작한다. 능력이
있건 없건 그것과 관계없이 환자가 이미 치료하려고 온 것이기 때문에
기본 상담만 해도 OK다.

문제는 쇼핑환자나 중요성을 모르거나, 거기까지 생각하지 않고 온 환
자들을 설득하는 것이다. 일반적인 상담가는 똑같이 설명한다.

하지만 능력 있는 상담자는 그렇지 않다. 기출변형문제도 거뜬히 해결

할 줄 안다.

문제를 풀려면 그 문제에 대한 정보를 최대한 수집해야 한다. 상담 컨설팅을 하다 보면, 질문을 많이 하라는 것에 낯설어 하고 어려워한다. 특히 설명 위주의 상담을 하는 상담자라면 처음에는 환자에게 어떤 질문을 해야 하는지 막막해서 질문 리스트를 물어보는 경우가 꽤 있다. 사실 질문이 없는 것은 아닐 것이다. 다만, 의식하지 못하고 했던 질문들이었기 때문에 그것을 '질문'이라고 인식을 못 한 것뿐이다. 이런 경우 환자와 상담자의 말의 비율이 1:9 정도로 환자는 간단한 대답과 질문 몇 개 하는 수준이다. 이렇게 해서는 환자의 니즈를 정확하게 파악할 수 없다.

아래 질문을 따라가며 환자의 니즈를 파악해보자. 질문의 가장 중요한 포인트는 환자가 많은 이야기를 꺼낼 수 있도록 유도하는 것이다.

첫 번째, 환자를 파악하는 질문으로 시작한다.

---

1. 내원 경로: "혹시 저희 병원은 소개받아 오셨어요?"

2. 심리상태: "병원 오시니 많이 긴장되시죠?"

3. 과거 치료 경험: "병원은 오랜만에 오셨어요?"

4. 현재 상태로 인해 환자가 느끼는 부분: "어떻게 불편하세요?"

* 중요 포인트: 환자가 많은 이야기를 꺼낼 수 있도록 유도하는 것!

어떤 질문으로 시작해야 할지 모르겠다면, 초진 차트를 적극 활용하자. 생각보다 차트에는 많은 힌트가 있다. 그 힌트들로 정보를 어느 정도까지 모으는지가 중요하다. 이때는 스몰토크로 가볍게 이야기를 시작하면 된다. 초진 차트에 내원 경로, 과거 치료 경험, 사보험 유무, 질병 및 질환 체크 등을 할 것이다. 이를 활용해서 질문을 해보자.

병원 맞은편 아파트에 거주 중인 환자분이 내원했다고 하자. 이때, 아는 척하며 어떻게 치과에 오게 되었는지 여쭤본다.

"어머. 저희 병원 바로 앞에서 오셨네요. 가까워서 힘들진 않으셨죠." 라고 눈 마주치며 웃고, 일단 첫인상부터 좋게 심어주자. 그런 다음 "저희 병원은 어떻게 오시게 되셨어요? 소개 받아 오셨어요?"라며 질문해보자. 맞다고 하면 알은체를 해주며 반가워하고, 아니라고 하면 능청스레 "아~ 아니셨구나. 저희 병원은 소개 환자분들이 정말 많이 계시는데 내색 안 하시고 치료받으시는 분들도 꽤 계셔서 먼저 여쭤봤어요."라고 말한다. 그러면 환자들은 자연스럽게 '여기는 소개 환자가 많구나.'라고 생각하게 된다. 일차적으로 이렇게 생각이 들게 되면 그다음은 쉽다. '아, 이래서 소개를 많이 하는구나!'라는 생각이 들도록 행동하면 된다.

대기실에서 의자에 앉지 못하고 안절부절못하거나, 깊은 한숨을 자꾸 내쉬거나, 손을 가만히 두지 못하는 환자분이 있다면 긴장을 풀 수 있도록 대화를 시작한다.

"병원 오시니 많이 긴장되시죠? 저도 병원에서 일하지만, 막상 쉬는 날 병원에 가면 그렇게 긴장되더라고요."

가만히 앉아만 있다가 본인의 순서에 이름이 호명되면 긴장감은 더 커질 수밖에 없다. 이때, 오랜만에 오셨는지 과거의 치료 경험이 있는지도 같이 여쭤본다. "병원은 오랜만에 오셨어요? 이전에는 불편하시거나 아픈 적은 없으셨던 거예요?"라며 꼬리를 물어 질문한다. 이때는 환자가 단답형이 아닌, 문장으로 말할 수 있도록 끌어내는 것이 중요하다. 과거에 치료 경험이 있다면, 환자는 어떤 치료를 받아야 하는지 미리 알고 있어서 이야기가 더 쉬워진다.

이어서 현재 상태는 어떤지 체크한다. 어떻게 불편한지 알아야 니즈를 파악하기가 더 쉽다. 치료의 니즈가 전혀 없는 사람에게 고가의 치료를 권한다면 환자는 거부할 수 있다.

두 번째, 상담의 방향을 파악할 수 있는 질문을 한다.

방금까지 환자를 파악하는 질문을 했다면, 이제는 상담을 구체적으로 계획할 수 있는 질문을 해야 한다.

"병원은 오랜만에 방문하셨다고 하셨는데 얼마 만에 오신 거예요?"

"그동안은 어떤 것 때문에 못 오셨어요?"

"이전에 ○○치료 받고는 어떠셨어요?"

"특별히 저희 병원에서 ㅁㅁ치료받으시고 싶은 이유가 있으신가요?"

우리 병원에서 원하는 치료가 있는지, 치료하고 싶은 건지, 견적만 알고 싶은 건지, 우리 병원만이 해줄 수 있는 특별한 치료를 원하는지를 모두 질문을 통해 알아낼 수 있다.

* 중요 포인트! 환자가 대답할 수 있는 질문으로 시작한다. 환자는 자신이 알고 있는 내용은 쉽게 말할 수 있다.

세 번째, 환자의 치료 후 모습을 상상하게 만든다.

질문으로 파악한 니즈에 마침표를 찍는 과정이다. 왜 해야 하는지, 왜 지금 해야 하는지 이해했지만, 그래서 치료 후 내가 얻게 되는 것이 무엇인지 몰라서 몇 번씩 같은 질문을 하는 경우가 있다. 임플란트를 한다고 했지만, 바로 이가 완성될 것을 상상한 환자는 몇 주가 지나도 그대로인 모습에 화를 낼 수도 있다.

이런 경우 치료 과정과 함께 치료 후의 모습을 명확히 머릿속에 그려주어야 한다. 실제 사례 사진이나 모델이 있으면 활용하면 좋다.

"3개월 뒤에 임플란트 뿌리에 치아가 올라가게 되고 그때부터 식사할 수 있으세요. 이제 드시고 싶었던 고기도 드실 수 있고, 김치도 드실 수 있어요. 치아 들어가면 가장 드시고 싶은 게 뭐예요?"라고 질문하며 환자의 머릿속에 생생하게 그려주자. 상상 속에서 이미 만족한 환자는 실제에서도 만족도가 높아진다.

최고의 상담은 전문지식이 아닌, 환자를 관찰하는 여유에서 나온다.

상담 동의율도 이와 비례한다고 생각한다. 환자와의 상담에서 성공하고 싶다면 환자를 먼저 관찰하라. 그리고 질문하라.

5

환자를 무조건 오게 만드는
전화 응대법

"거기는 임플란트 하나에 얼마나 해요?"

전화를 받고 인사말을 건네자마자 본론부터 꺼내는 환자들. 아마 경험해 본 적 있을 것이다. 금액만 물어보고 대답해주면 알겠다고 하고 얼른 끊는다. 바로 '전화 쇼핑환자들'이다. 여기저기 가격만 먼저 물어보고, 그중 저렴한 병원 몇 개를 추려 방문할 생각이다.

이런 쇼핑환자까지 우리병원에 내원하도록 하기 위해선 어떻게 해야 할까? 단순히 "네. 저희는 종류별로 00만 원에서 00만 원까지 있습니다."라고 원하는 금액을 말해선 안 된다. 원하는 정보를 얻은 환자는 바로 끊고 다음 병원에 전화한다. 가격 비교를 위해. 이때 우리가 해주어야 할 것은 '가격 비교해서 가야지.'라는 환자의 생각을 전환하는 것이다. '가격 비교'뿐만 아니라 '가치 비교'가 필요하다는 사고 전환을 유도하는 것이다. 이는 똑똑한 질문이 답이다.

첫째, 꼬리에 꼬리를 무는 '꼬꼬무' 질문을 한다.

"임플란트 수술이 필요하신 분의 연령대와 성별은 어떻게 되시나요?"

"오른쪽 위아래, 왼쪽 위아래 중 어느 부위이신가요?"

"임플란트 몇 개를 하셔야 한다고 진단 받으셨나요?"

"현재 이는 빼셔야 하나요? 혹은 빼셨나요?"

"이를 빼신 지는 얼마나 되셨나요?"

"이가 썩어서 빼셨나요? 아니면 잇몸이 안 좋아서 빼셨나요?"

"이가 없으셔서 반대쪽으로 식사하실 때 불편한 것은 없으셨나요?"

질문을 통해 환자의 '현재' 불편 부위와 '니즈'를 파악한다. 불편 부위와 치료받아 해결하고 싶은 부위가 같을 수도 있지만 다를 수도 있기 때문이다.

둘째, 예상 가능성에 대해 언급하고 포괄적인 금액을 말한다.

"치과 치료비는 정액으로 치료에 따라 금액이 모두 정해져 있어요. 임플란트의 경우 00만 원부터 ~ 000만 원까지 회사별로 금액 차이가 조금씩 있어요. 임플란트의 경우 원하시는 임플란트로 선택해서 식립할 수 있지만, 뼈가 많이 없거나 보강이 필요한 경우에는 필수로 뼈 이식을 해야 할 수도 있습니다. 뼈 이식 비용은 00만 원이고, 부위에 따라 달라질 수 있습니다. 진단하면 좀 더 정확한 금액을 안내해 드릴 수 있어요. 만약 뼈 상태가 좋으시면, 뼈 이식 비용추가 없이 임플란트만 심으시면 되고요."

만약, 상악동거상술 가능성에 대해서도 말씀드리려면 추가로 덧붙인다.

"위 뼈 같은 경우에는 아래 뼈보다 더 약하고, 코 옆에 상악동이라는 공기주머니가 있어서 부가 수술이 필요하실 수 있어요. 이 부분은 사진을 찍어야만 확인이 되기 때문에 진단 후에 좀 더 정확하게 안내해 드리겠습니다."

앞니 쪽이라면, 플리퍼나 임시치아 등 임플란트를 진행하는 동안 사용할 임시 보철물의 제작 가능성에 대해서도 미리 고지해주는 것이 좋다. 간혹 이 부분이 언급되지 않았는데 나중에 상담하면서 비용을 말씀드리면 환자분의 '비용저항'이 생각보다 강하기 때문이다. 게다가 이런 세세한 것까지 챙기는 병원이라는 인상을 줘서 환자의 선택에 가산점이 주어질 수 있다.

셋째, 내원 유도 안내를 한다.

"아무래도 정확한 검사를 받고, 원장님 한번 뵙는 게 좋아요~ 현재, 실제 주변 치아 상태나 주위 뼈 상태를 모르기 때문에 전화상으로만 말씀 드린 금액과 내원하셔서 진단받고 상담해 드릴 금액이 차이가 날 수도 있어요. 오신 김에 한번 전체적으로 싹 보시고, 설명 들으시면 다른 치과 와 비교하실 때도 분명 도움이 되실 거예요."

나는 다른 치과와 비교하는 것을 서슴없이 말한다. 내 상담에 자신이 있기 때문이다. 보통 처음에는 '그래도 되나?' 하며 약간 당황스러워하지 만, 정말 다른 치과의 상담을 듣고 내게 재상담을 요청하고 확정 짓는 경 우도 많다.

나는 전화상담도 그냥 하지 않는다. 환자를 향한 관심과 진심 어린 공 감을 담아 정말 궁금해서 질문을 한다. 정확한 진단을 위해서는 질문이 중요하다. 그저 '금액'만 알고 싶었던 환자들도 내가 질문하는 것을 들으 며 '임플란트를 하나 하는데도 이렇게 꼼꼼하게 알아보고 해야 하는구 나!'라는 것을 알게 되고, 그동안 알고 있었던 생각이 전환된다. 그리고 여기저기 더 알아보다가 결국, 그 전환의 근본이 된 우리 병원을 선택하 게 된다. 자신에게 '가치'를 알려주었기 때문이다. 나는 대단한 상담 스킬 을 가지고 있지 않다. 그저 '진심' 하나만 갖고 환자를 대한다. 그게 환자 에게 그대로 전달이 되어 우리 병원을 선택하는 것이라고 생각한다.

넷째, 병원 위치와 진료 시간 및 정보가 담긴 메시지를 보낸다.

마지막 '킥'이라고 볼 수 있다. 지금까지 통화로 길게 설명했지만, 환자는 모두 다 기억하지 못한다. 한 번 더 정리해서 안내해주어야 한다. 그러면 환자의 마음속 깊이 박히게 된다.

"안녕하세요, 조금 전에 전화로 상담해 드린 ○○치과 총괄실장 최이슬입니다. 말씀드린 것처럼 ○○○ 치료와 ○○ 치료가 필요할 것으로 보이고, 일단 방문해서 꼼꼼하게 점검받아보시는 것을 권합니다. 언제든지 문의 사항 있으시면 어려워 마시고 편하게 연락해주세요^^. 편하실 때 한번 방문해주시면 꼼꼼한 검사와 정확한 진단 후 상담 도와드리도록 하겠습니다. 전화 주셔서 감사합니다."

실제 이 문자를 받고, 내원하시는 환자분들이 많이 계셨다. 내 이름을 명확히 기재했기 때문에 절대 잊을 수도 없다. 상담 예약을 하시면서 "최이슬 실장님께 상담받고 싶어요."라고 언급해 주신 분들이 많았다. 그래서 원장님의 일정이 아닌 내 일정에 맞춰 상담을 진행하기도 하고, 치료를 시작한 후에는 내 휴무일을 피해 진료 예약을 잡는 헤프닝도 있었다.

고작 '금액을 물어보는 쇼핑 전화 문의'에 바빠 죽겠는데 10분이나 통화하고 있다고 타박했다면 이제 생각을 바꾸자. 우리 병원의 '가치'를 전달하는 일이라고 생각하자. 우리 병원이 전달하고자 하는 가치를 느끼고, 결국 방문하게 하는 것. 그것이 전화상담 환자의 마음을 사로잡는 핵심이다.

6

상담의 결정권은
'치료결정권자'에 달렸다

치료를 받는 사람이 치료를 결정하기도 하지만, 소아 환자거나 어르신, 보호자가 필요한 사람이 있을 수 있다. 이 경우 실제 치료받는 사람과 치료결정권자가 달라질 수 있다. 이에 따라 상담의 방향도 달라진다.

치료를 받을 사람 = 비용 결정권자

치료를 받는 사람이 치료비를 내는 경우이다. 보통 직장이 있는 경우 본인이 알아서 치료받고, 본인이 알아서 치료비를 결제한다. 혼자서 내원하는 경우가 제일 많고, 동반해서 내원하는 경우가 있더라도 상담은 혼자 받고 같이 온 사람은 대기실 소파에서 대기한다. 초점을 본인에게 만 맞추면 되기 때문에 특별히 어려운 사항은 없다. 치료하겠다고 확정 지으면 예약을 잡아드리며 다음 진료에 관해 설명하고 귀가시킨다.

치료를 받을 사람 ≠ 비용 결정권자

본인의 동의 외에도, 보호자의 동의가 필요하거나 배우자의 동의가 필 요한 경우이다. 여기서 기출 변형의 문제가 있다면, 바로 이것이다. 치료 받을 본인이 비용 결정권자인 것처럼 했지만, 사실은 아닐 때. 예를 들어 치료받는 본인이 와서 '결제는' 하지만, 그 결제하는 카드는 '부모님 카드' 인 경우이다.

지금 생각해봐도 황당한 환자의 이야기다. 사회생활은 어떻게 하고 있 는지 걱정될 정도로 치아 상태가 깜짝 놀랄 만큼 엉망이었던 24살의 여 성 환자가 상담 받은 적이 있다. 원장님께서도 부모님 모시고 한 번 더 오라고 할 정도로 멀쩡한 치아가 거의 없어 금액도 컸지만, 환자는 바로 진행하길 원했다. 그날따라 한가해서 당일에 진료도 가능했지만, 나는 앳되어 보이는 얼굴에 일부러 예약으로 치료를 돌렸다.

환자분에게 "부모님께서 바쁘시겠지만, 한번 같이 오시면 전체적으로 설명을 다시 한번 드리고 치료를 받으시는 게 좋을 거 같아요. 아니면 제 가 전화 한번 드릴까요?"라고 말했지만, 본인은 일찍이 회사 다니고 있 어서 치료비를 낼 수 있다고, 괜찮다며 예약을 잡고 갔다. 예약일 당일에도 한 번 더 상담실로 안내해 오늘 하게 될 진료와 치료비용, 앞으로 어떤 치료가 남았는지 설명했고 다시 한번 부모님과 통화가 필요하면 전화해 주시라고 당부했다. 한사코 괜찮다며 부모님께도 다 이야기했다고 해서 안심하고 치료를 들어갔다.

퇴근 시간쯤이 되었을까, 전화벨이 울렸다. 수화기를 들고 인사 멘트를 하는 도중 한 남성이 무지막지하게 악을 지르며 실장을 찾았다. 무슨 일이냐고 여쭤보니, 어떻게 그 큰돈을 부모한테 전화도 없이 결제할 수 있냐고 소리 지르는 게 아닌가? 차분하게 상황을 이야기했지만 통하지 않았다. "아니, 24살이면 아기지. 생각이 있는 거예요, 없는 거예요? 알면 얼마나 알겠냐고, 순진한 애 꼬셔다가 과잉 치료하고 그러는 거 아니냐고! 지금 이게 말이 되는 거예요? 입이 있으면 말해봐!"

막무가내로 화내는 사람에게 피가 끓어올라야 하지만, 오히려 차갑게 식었다. 그래서 따님분과 얘기해보셨냐고 여쭤봤다. "혹시 ○○ 님과는 이야기해 보셨어요?" 바빠서 이야기할 시간이 없었다고 했다. 그래서 나는 있었던 일을 차분하게 이야기했다. "우선 따님분과 이야기가 되지 않은 상태에서 치료비가 결제되어 많이 놀라신 마음 충분히 이해합니다. 제가 처음에 ○○ 님 오셨을 때 원장님께서 ○○ 님의 치아 상태가 너무 좋지 않으니 부모님 모시고 치과 한 번 더 오라고 하셨어요. 저도 상태 설명해 드리면서 부모님과 한번 같이 오는 게 좋을 거 같다고 말씀드렸고, ○○ 님께서 괜찮다고 하셔서 그럼 제가 전화라도 한 번 드리겠다고 하니 그것도 괜찮다고, 말씀드리겠다고 하셨어요. 오늘도 치료하기 전에 상담실에서 비용 한 번 더 확인해드렸고요, 여쭤보니 부모님께도 다 이야기했다고 했습니다. 그래서 진행한 거고요. ○○ 님과 다시 한번 이야기를 해보시는 게 좋을 거 같아요. 치료를 피할 수 있는 상황이 아니었습니다. 아버님 오시면 제가 ○○ 님 상태 보여드리고 왜 이렇게 치료해야 하는지, 왜 이렇게 비용이 나오는지 설명해 드리겠습니다. ○○ 님께서 일찍 회사생활을 하셔서 비용을 낼 수 있다고 하셨어도 아버님 말씀대로 제가 한 번 더 부모님께 설명해 드렸어야 했는데, 진행 상황이 매끄럽지 못하게 된 점, 죄송합니다."

이에 아버님은 아까는 흥분해서 미안하다며 통화해보니 치과는 안 가봐도 될 거 같다며, 최선을 다해달라고만 하셨다. 극적으로 상황이 해결되어 치료도 잘 마무리할 수 있었다.

사실, 병원에 근무하면서 대학생 이후 환자의 보호자까지 다 확인해서 전화를 드리고 설명하기란 어렵다. 하지만, 어떻게든 일은 터질 수 있으니 마음 단단히 먹자. 휩쓸리지 않고, 차분하게 대처하면 충분히 상황을 풀어나갈 수 있다.

치료받을 의지가 낮은 사람 ≠ 비용 결정권자

위의 경우와는 조금 다른 경우다. 첫 번째와 두 번째의 경우 본인이 치료받겠다는 의지가 있는 사람이지만, 이 경우는 본인이 원해서 치과에 온 것이 아니다. 보통은 엄마가 아이를 데리고 오거나, 자녀들이 부모님을 모시고 오는 경우가 있다. 그렇다고 해서 상담하면서 비용 결정권자에게만 초점을 맞추는 것은 하수이다. 결국에 치료받는 사람에게 동기부여가 되어야 한다. 이것은 매우 중요한 이야기다.

아무리 따님에게 잘 어필해서 치과에서 치료받을 수 있도록 상담을 홀딩하고, 예약금으로 500만 원을 받아도 아버님이 치료 의지가 없어서 내원하지 않는다면 500만 원을 받은 의미가 없다. 결국, 환불해야 할지도 모른다.

내게도 실제로 이런 경우가 있었다. 상담하는 내내 아버님은 관심이 없으셨고, 파노라마가 띄워져 있는 모니터만 응시할 뿐이었다. 반면에 따님은 열심히 질문하면서 상담에 임해, 따님에게 초점을 맞추고 상담을 했던 적이 있다. 따님은 여기라면 믿고 맡길 수 있겠다며 그날 바로 치료비의 절반 금액인 500만 원을 입금해 주셨다. 사실 아버님의 의지가 보이지 않아 500만 원을 결제한다고 하셨을 때 만류했다. "지금은 예약금보다 아버님께서 치과에 오시는 것이 더 중요한 것 같아요. 치료가 시작되면 그때 결제해 주셔도 되세요."라고 말했지만, 이렇게라도 결제해야 아버지가 치료받을 것 같다는 말에 결국 수납 받았다.

입금을 확인하고 따님분께 전화를 드렸다.

"안녕하세요, ○○치과 실장 최이슬입니다. 500만 원 입금해 주신 내역 확인되어서 연락드렸어요. 걱정 많으시겠지만, 믿고 맡겨주신 만큼 아버님 치료에 최선을 다할게요. 제가 걱정되는 건 사실, 아버님께서 지금까지 치료를 미루셨다는 거예요. 따님께서 큰맘 먹고 모시고 온 만큼 아버님께서 걱정 없이 잘 오셔야 할 텐데 이 부분이 염려스럽네요. 전체적으로 치료가 들어가다 보니, 저희가 신경 써서 해드려도 과정이 조금 힘드실 수도 있어요. 억지로 모시고 오는 게 아니라, 아버님 스스로 '치료를 꼭 해야겠다'라는 마음을 먹으셔야 덜 힘드실 거예요." 이에 따님은 오히려 감사하다며 책임지고 모시고 오겠다고 말했다. 며칠 후, 임플란트 수술을 앞두고 따님분께 전화가 왔다.

"죄송해서 어떡해요. 아버지가 돈이 너무 많이 든다고 치료는 한사코 안 하시겠다고 하시네요. 늙은이가 살면 얼마나 산다고 말이에요. 죄송해서 어쩌죠? 실장님께서 많이 신경 써 주시고 했는데."

나는 당황하거나 난처해하지 않고 괜찮다고 말씀드렸다. "에고, 아버님께서 아무래도 자식 돈으로 치료를 받는데 금액도 커서 미안한 마음이 더 크셨나 봐요. 불편하고 아프실 텐데도 치료하지 않겠다고 하시니 따님께서도 걱정되시겠어요. 저희는 괜찮아요. 아무래도 아버님 의견이 제일 중요하죠. 저희도 걱정되는 부분은 있지만, 따님께서 걱정하시는 만큼 아버님께서도 분명히 그 마음 알아주실 거예요. 치료를 더 미루지 않는 게 좋지만, 아버님께 생각할 시간을 조금 주세요. 보내주신 금액은 최대한 빠르게 처리해 드릴게요."라며 오히려 마음을 다독여드렸다.

몇 달의 시간이 흐르고, 다시 전화가 왔다. 아버지가 먼저 재상담을 해보고 싶다고 하신 것이다. 이번에 날짜를 잡고 오셨을 때는 아버님을 타 겟팅했다. 이번 상담에서 나는 전문적으로 다가가지 않았다. 아버님의 마음에 공감하고, 따님의 마음을 아버님께 들려주었다.

"많이 불편하시죠~? 너무 긴 시간 동안 참고, 참으셨어요. 그동안 불 편하셔서 어떻게 식사하셨어요? 티 안 낸다고 하셨겠지만, 따님이 모를 수가 있겠어요? 걱정을 많이 하셨어요. 많이 나온 치료비보다, 많이 안 좋아진 아버님의 상태에 마음 아파하시고 꼭 치료되었으면 좋겠다고 하 시더라고요. 오랜 기간 치료를 미룬 만큼, 치료는 쉽게 끝나지 않아요. 치료가 끝나고 적응하시는 기간까지도 많은 시간이 걸릴 수 있어요. 그 동안은 치과도 자주 오셔야 하니 힘들고, 체력적으로도 매우 힘드실 수 있어요. 하지만 오늘 이렇게 마음먹고 오신 것처럼, 오시기만 하시면 저 희가 최선을 다해 아버님께서 최상의 치료를 받을 수 있도록 노력할게 요. 저희 한번 믿어주세요."

결과는 어떻게 되었을까? 아버님은 우리 치과에서 치료를 시작하게 되 었다. 치료받을 의지가 낮은 사람은 동기부여가 되어야 한다. 그렇지 않 고 억지로 시작하게 되면, 처음 치료는 타의로 시작할 수 있지만, 이후에 병원에 오지 않을 수도 있고 협조도가 낮으면 관리도 어렵다. 과정과 결 과가 둘 다 좋아지려면 치료를 받는 이의 동기부여를 놓치지 말자.

상담은 단순히 치료해야 할 내용을 줄줄 읊어주는 것이 아니다. 누가 결제를 하고, 누가 치료를 받느냐에 따라 상담의 포인트는 달라진다. 상담의 결정권은 '치료결정권자'에 달렸다. 여기서 중요한 것은 단순히 '진료비를 지불할 사람'이기 때문이 아닌, 환자분의 치료 내용이나 영향을 줄 사람이라는 것이다. 혹시라도 지금까지 간과했다면 결정권자에 초점을 맞춰보자.

3. 환자의 마음을 사로잡는 병원 상담의 원칙

상담가의 콘셉트를 먼저 잡는다.

병원과 상담자 서로 시너지를 받으려면 같은 콘셉트로 일관성을 유지해야 한다.

상담 성공률은 신뢰와 호감이 좌우한다.

무언가를 더 잘하기 위해 노력하는 것보다 중요한 것은, 무언가를 더 '안 하기' 위해 노력하는 것이다. 즉, '잘못된 습관을 고치는 것'이다.

상담의 주인공은 내가 아니다.

상담 시, 나의 지식과 이야기에만 심취되어 있지 말자. 나의 상담이 아니라, 환자의 상담이다. 상담하며 환자의 시그널을 캐치하자. '나'에게만 집중하면 환자의 시그널이 보이지 않지만, '환자'에게 집중하면 무수한 시그널을 캐치하고 그에 따른 내용으로 대처할 수 있다.

환자의 니즈를 파악하는 질문을 한다.

최고의 상담은 전문지식이 아닌, 환자를 관찰하는 여유에서 나온다. 상담 동의율도 이와 비례한다고 생각한다. 환자와의 상담에서 성공하고 싶다면 환자를 먼저 관찰하라. 그리고 니즈를 파악할 질문을 던져라.

쇼핑 전화 상담도 소홀하지 않는다.

고작 '금액을 물어보는 쇼핑 전화 문의'에 바빠 죽겠는데 10분이나 통화하고 있다고 타박했다면 이제 생각을 바꾸자. 우리 병원의 '가치'를 전달하는 일이라고 생각하자. 우리 병원이 전달하고자 하는 가치를 느끼고, 결국 방문하게 하는 것. 그것이 전화 상담 환자의 마음을 사로잡는 핵심이다.

치료결정권자를 공략한다.

상담은 단순히 치료해야 할 내용을 줄줄 읊어주는 것이 아니다. 누가 결제를 하고, 누가 치료를 받느냐에 따라 상담의 포인트는 달라진다. 상담의 결정권은 '치료결정권자'에 달렸다. 여기서 중요한 것은 단순히 '진료비를 지불할 사람'이기 때문이 아닌, 환자분의 치료 내용이나 영향을 줄 사람이라는 것이다. 혹시라도 지금까지 간과했다면 결정권자에 초점을 맞춰보자.

4장

상담이
쉬워지는 결정적 프로세스
6단계

1

1단계 :
'인사' 하나로 이미지를 각인시켜라

    환자와의 첫 대면에서 하는 인사는 매우 중요한 의미가 있다. 병원의 첫인상을 정하고, 앞으로의 환자와의 관계에서도 큰 영향을 미친다.

    인사는 사람 인(人)과 일 사(事)로 이루어진 단어로, '상대방과 마주 대하거나 헤어질 때 예를 표하는 것, 또는 그러한 말이나 행동'을 말한다. 인사는 사람과 사람이 만나면 당연히 하는 일이다. 기본적인 예의이자 상대방의 마음을 열어주는 열쇠이다.

    '잘'한 인사만으로 우리는 여러 가지 효과를 기대할 수 있다. 환자에게 친근감과 환영의 느낌을 줄 수 있고, 자신의 이미지 또한 긍정적으로 높일 수 있다. 병원에 내원하는 환자에게 건네는 첫인사에서, 환자가 친근감과 환영의 느낌을 받았다면 첫 단추를 잘 끼운 셈이다.

"안녕하세요."와 같은 간단한 인사가 병원의 첫인상과 나아가 나의 첫인상을 좌우한다. 우리가 환자를 보고 인사하는 것은 '내가 당신을 보았어.'라고 메시지를 주는 것이며 반가움과 환영의 표시다.

최근 A병원에 컨설팅하러 갔을 때의 일이다. 자동문이 열리고 안내데스크까지 걸어가는데 아무도 인사를 하지 않았다. 다가가서 먼저 "안녕하세요."라고 인사를 건네니, "성함이요."라는 답변만 할 뿐이었다. 방문 목적을 밝히고, 이후 대기실에서 응대하는 모습을 계속 관찰했다. 수십 명의 환자가 오고 갔지만, 먼저 인사를 건네는 사람이 아무도 없었다. 너무 많은 인사가 생략되었다. '안녕하세요'라는 인사말은 거의 들을 수 없었고, 그나마 '안녕히 가세요.'는 간신히 들을 수 있었다. 심지어 환자가 먼저 하는 "안녕하세요." 또는 "수고하세요."라는 인사에 "네"라고 대답한 것이 압도적으로 많은 상황이었다.

그 병원을 찾은 환자들은 처음에는 '바빠서 그런가 보다' 생각하며 그러려니 할지도 모른다. 하지만, 반복되는 모습에 불친절하거나, 삭막하다고 느낄 것이다. 원장님은 병원을 고령의 지역사회에서 사랑받는 병원으로 꾸려나가고 싶다고 하셨지만, 직원들의 태도로는 힘들 것 같았다.

비단 A병원뿐 아니라, 생각보다 많은 병원종사자가 인사의 중요성을

모른다. 병원에 왔으니 진료를 볼 테고, 진료를 보려면 환자 성함이 필요
하니 "성함이요."라고 묻는 게 인사가 되어버렸다.

인사에도 매너가 있다. 인사 매너 6대 포인트는 아래와 같다.

인사 매너 6대 포인트

1. 인사는 내가 먼저 한다.

2. 밝은 표정으로 한다.

3. 상대방의 얼굴을 보며 한다.

4. 밝은 목소리로 분명하게 인사말을 한다.

5. 진심에서 우러나오는 인사를 한다.

6. 시간, 장소, 상황을 고려해서 한다.

아마도 읽어보면 다 아는 것들일 것이다. 어디선가 들어본 적 있을 것
이다. 문제는 머리로는 알지만, 실제 행동으로 하지 않는다는 것이다. 우
리가 별 생각 없이 했던 인사가, 그냥 해야 될 것 같아서 했던 수많은 인
사가 사실은 큰 의미가 되기도 한다.

인사 매너 6개 포인트 중에서 특히나 중요한 것은, '내가 먼저', '상대방

의 얼굴을 보고', '상황에 맞게' 해야 한다. 그런데, A병원에서는 6개 모두 지켜지지 않았고, 인사 매너에는 최하점을 줄 수밖에 없었다.

'너무 바빠서 인사를 못 한 건데 그게 그렇게 문제가 되나?'라고 생각할지도 모르겠다. 맞다. 진료는 너무 잘하는데 바빠서 인사할 겨를이 없을 수도 있다. 그렇지만 환자 입장에서는 '이렇게 인사도 못 할 만큼 정신없는데 내 일은 잘 처리해 줄까? 내 병은 제대로 봐줄까?'라는 생각이 들 수 있다.

모두 각자의 자리에서 최선을 다하며 열심히 일하는데, 고작 '안녕하세요.' 이 한마디를 '바빠서' 하지 못했고, 이로 인해서 불친절하다는 오명이 남는다면, 억울할 수도 있을 것이다.

인사는 기본이다. "A 사원 봤어? 매번 밝게 인사하고, 어찌나 인사성이 밝은지. 사람 참 괜찮더라."라는 평가는 직장 내뿐 아니라 어디서나 일어난다. 인사라는 사소한 행동 때문에 분위기가 편안해지고, 인사라는 사소한 행동 때문에 분위기가 날카로워지기도 한다. 인사 한번 '잘'해서 좀 더 편안한 분위기를 가지고 관계를 시작해 보는 것은 어떨까.

인사의 중요성에 대한 흥미로운 설문 조사가 있다. 2004년, 직장인 2천870명을 대상으로 한 설문 조사인데, 평소 사이가 좋지 않은 직원이 인사할 경우, 66.4%의 사람들이 이미지가 개선된다고 응답했다. '별로 영향을 미치지 않는다.'는 31.5%, '오히려 악화된다.'는 2.1%였다. 우리는 여기서 과반수의 사람이 이미지가 개선된다고 응답한 것을 알 수 있다.

환자가 병원 문을 연 순간 즉시 인사하는 것뿐만 아니라, 상담실에서 하는 '맞이 인사'로 임팩트를 주자. 나는 상담실의 문을 열고 들어가서 환자의 맞은편 자리에 서기까지 미소를 유지한다. 그리고 꼭 눈 맞춤을 하고서 인사를 한다. "안녕하세요, ○○ 님. 오늘 상담을 도와드릴 실장, 최이슬입니다. 반갑습니다." 이때, 상대방의 이름을 부르면 더욱 친근한 느낌을 줄 수 있다.

인사를 마치고 바로 본론으로 들어가는 것보다, "많이 기다리셨죠? 저희 원장님께서 워낙 꼼꼼히 봐주시다 보니, 저도 꼼꼼히 체크하고 상담을 준비하게 되어서요. 기다려주셔서 감사합니다." 등의 간단한 말들을 덧붙인다. 나는 환자와의 상담에 꽤 많은 시간을 투자하는 편이다. 상담 준비부터, 상담, 이후 관리까지 모두 세심하게 신경 쓴다. 이 중 제일 중요한 작업이라고 생각하는 것이 바로 인사다. '나'라는 사람을 각인시키고 분위기를 부드럽게 해주는 무기가 되기에 인사를 소홀히 하지 않는다. 환자 또한 내 인사에 화답하며 자연스럽게 화기애애한 분위기가 형성된다. 상담의 벽을 조금 허문 채로 시작하는 것이다.

큰 노력을 하지 않고도, 나를 전문적으로 만들어주고 호감 가는 사람으로 만들어주는 것은 바로 '인사'다. 오늘부터 환자에게 반갑게 인사해보라. 환자는 상담자와 병원을 다르게 기억할 것이다.

2

2단계 :
니즈와 원츠, 그 사이를 캐치하라

상담에 앞서, '내가 상담을 할 대상은 누구이며, 그 사람이 원하는 핵심은 무엇인가?'를 생각해야 한다. 환자의 욕구를 명확하게 모르는 것은 상담의 핵심 포인트를 놓치는 것과 같다. 필승 전략으로 '3WHY'가 있었다면, 나만의 상담 원칙으로는 '환자가 원하는 것을 알고 상담한다.'이다.

환자가 원하는 것을 캐치하는 가장 좋은 방법은 '질문'이다. 나는 질문으로 환자의 'Need'와 'Wants'를 찾는데 에너지를 쏟는다. 환자 상담 시 중요한 것은 '관심', '질문', 그리고 '소통'이다. 이 세 가지로 환자의 Need와 Wants를 파악할 수 있는데, 특히 풀 케이스 상담의 경우는 'Need'와

'Wants'를 구분하는 것이 매우 중요한 포인트다.

'Need'는 의식주와 같이 꼭 필요한 것이고, 'Wants'는 명품 옷, 파인 다이닝, 브랜드 아파트 등과 같이 추가로 원하는 것이다. 쉽게 말해, 연락할 수단이 없어 핸드폰이 필요한 것은 '니즈', 아이폰을 사는 것은 '원츠'다. 연락할 수단이 없어 핸드폰이 필요한 사람에게 삐삐를 사줬다면 니즈는 파악했지만, 원츠는 파악하지 못한 것이다. 우리는 환자의 정확한 니즈를 파악하고, 그에 따른 원츠까지 파악해야 한다.

충치가 있어서 어금니 치료가 필요한 것은 니즈, 레진으로 치료하는 것은 원츠다. 보험 되는 재료 중에 지아이(Glass ionomer cement, GI)나 아말감(Amalgam, Am)으로 치료를 받을 수도 있지만, 치아 색상인 레진(Resin)으로 티 안 나게 치료받고 싶은 것이 원츠이다. 또, 치아가 빠져서 회복하는 것은 니즈, 임플란트를 식립하는 것은 원츠다. 보철 수복으로 브릿지나 틀니 등 여러 가지 치료 방법이 있지만, 환자는 임플란트 치료를 원하는 것이다. 그 사이를 캐치하고 공략해야만 환자가 기꺼이 '치료'와 '진료 서비스'에 대한 비용을 지불하고자 할 것이다.

실제로 어떤 것을 구매하려는 의지가 구체화되고, 특정된 것에 대한 욕구를 'Demand(수요)'라고 한다. 우리는 상담에서 바로 이 부분까지 도달해야 한다. 상담하면서 니즈와 원츠를 파악하고, 환자가 디맨드를 스스로 형성할 수 있도록 계획된 상담을 해야 한다.

방법은 생각보다 간단하다. 환자의 원츠를 정확하게 파악하기 위해서는 정보를 수집해야 하는데, 이것은 초진 때부터 밑 작업을 할 수 있다. 바로 접수 시 CC를 꼼꼼하게 적는 것이다. 환자가 본인의 불편 부위를 적는 칸에 '이가 아파서'라고 적었을 때, 그냥 그대로 진료실로 들어가도록 두는 것이 아니라 질문을 한다.

"이가 아프다고 하셨는데, 오른쪽이 아프세요? 왼쪽이 아프세요?"

오른쪽이 아팠다고 하면 이어서 "오른쪽 위, 아래 중에서는 어디가 더 아프세요?"라고 질문한다. "언제부터 아프셨어요?", "통증은 날카롭게 있으신가요, 둔탁하게 있으신가요?", "씹을 때 아프세요, 씹고 난 후가 아프세요?", "통증은 점점 심해지시나요? 아니면 처음과 비슷하게 있으신가요?", "최근에 딱딱한 음식을 씹거나, 힘을 많이 쓰는 운동을 하신 적은 없으세요?" 등의 질문을 할 수 있다.

환자는 이가 아프다고만 했을 뿐인데 질문을 통해 얻을 수 있는 단서들은 굉장히 많아질 수 있다. 먼저 접수할 때부터 질문으로 환자의 불편함을 좁혀나가면 진료실에서도 다음 접근이 편하다. 차트를 확인한 원장님은 불필요한 질문은 줄일 수 있고, 좀 더 빠르게 진단을 내릴 수 있다. 명쾌한 진단에 환자는 신뢰를 쌓아가고, 진료실에서 얻은 단서들을 추가해 상담의 방향을 잡아갈 수 있다.

이때 환자의 생각이 틀렸다고 말하지 않는다. "어머님~ 그건 어머님 생각이시구요, 그렇게 안 된다니까요? 그렇게 할 수 있었으면 그렇게 해

드렸죠."라는 말은 정말 최악의 멘트다. 실은 초년 차 때 실제 내가 했던 말이다.

생각보다 환자들은 많은 정보와 지식을 접한다. 이 중에는 잘못된 정보도 있을 것이다. 여기저기서 짜깁기로 듣고 그게 진실인 양 얘기하시며 큰소리치시기도 한다.

이때 환자가 잘못 알고 있는 지식을 바로잡는데 집중하는 것이 아니라, '환자가 원하는 것이 어떤 것인지' 찾는 것이다. 치아가 없어서 걸어서 씌울 수가 없는데도 무조건 걸어서 해달라고 하거나, 뿌리가 부러져서 이를 뽑아야 하는데 자꾸만 기둥 넣으면 된다고 해달라고 하거나, 이런저런 잘못된 정보를 얘기하면 언쟁하지 말자. 환자가 궁금한 것은 치아를 살릴 수 있는지, 치료가 가능한 지이다. 이것부터 이해시켜야 한다. 치료 방법은 그다음이다. 환자는 살릴 수 있을 거로 생각하고 대화하고, 상담가는 발치를 전제에 두고 상담하는데 대화가 통하겠는가?

그다음에 그 치료가 가능한지, 가능하지 않다면 왜 그런지를 차근차근 설명한다. 환자는 안전하고 효과가 좋은 치료를 받고 싶다. 그러면서도 저렴하게 치료를 받고 싶어 한다. 두 가지를 다 충족시키는 방법은 있는지, 있다면 환자가 선택할 수 있는지 체크하고 설명한다.

환자의 질문이나 이야기를 '도발'이라고 생각하지 말자. 흥분하는 순간 둘 다 얼굴을 붉히게 될 것이다. 환자와의 언쟁은 의미가 없다. 오히려 마이너스가 될 뿐이다. 당연히 환자는 모를 수 있다. 가르치려 하지 말고, 무안하지 않도록 스스로 깨닫게 하는 것이 가장 좋은 방법이다.

쉽게 설명해 주고 이해가 되도록 친절하게 안내해 줘서 결국 치료를 우리 병원에서 하게끔 하는 것이 제일 중요하지 않을까.

차별화된 상담을 하려면 하던 대로 '안일하게' 해서는 안 된다. 근처의 병원에서 비슷한 치료를 한다면 월등한 원장의 실력이나 비용, 특수성 등 무언가 경쟁력이 있어야 한다. 그것도 아니라면, 상담에 차별화를 두는 건 어떨까. 비슷한 상담 사이에서 처음 본 환자에게 진심을 다하고, 콕 집어 말하지 않았는데도 알아주는, 그런 만족스러운 상담을 한다면 기꺼이 환자는 그 병원을 선택할 것이다. 치료가 끝난 후에도 의문이 들지 않고 만족스러운 '합리적 지출'이 될 것이다.

3

3단계 :
환자가 고민하는 원인을 제거하자

분명 꼭 해야 하는 치료인데 왜 환자는 망설이는 걸까? 도대체 무엇이 걱정되고, 고민일까? 그 원인만 알면 쉽게 해결할 수 있다. 보통의 경우 고민은 세 가지로 나뉜다.

첫 번째, 비용이 고민되는 경우

비용 고민은 3가지로 나뉜다. 준비한 금액보다 비싼 경우, 예상보다 비싼 경우, 그냥 무조건 다 비싸게 느껴지는 경우. 어떤 경우인지 모르기 때문에 질문을 통해 환자가 비싸다고 생각하는 '진짜 이유'를 찾아야 한다.

"혹시 예상하셨던 치료비용이 어느 정도이셨어요?" 사실, 이 질문은 양날의 검이다. 때에 따라서는 이 질문이 적절하지 않기 때문이다. 자칫 환자와 맥시멈 치료 금액을 두고 흥정하는 것과 같은 상황이 생길 수도 있기 때문이다. 그래서, '치료비용에 대한 전체 금액을 얼마나 생각하냐'에 포커스를 두는 것이 아닌, '아프거나 불편해서 당장 치료를 생각했던 부위와 금액'과 '아프거나 불편하지는 않지만 해야 하는 치료와 금액'을 분리해서 접근하는 것이 좋다.

전체 치료를 모두 진행하면 가장 베스트이지만 여건상 그렇지 못하면 급한 치료 먼저 하고, 순서를 정해서 계획을 세울 수 있다. 급한 치료 중 가장 1순위는 '불편 부위'다. 아무리 금액이 부담되더라도 우리 병원에 와서 적어도 아무것도 하지 않고 돌아가지 않도록 하는 것이 중요하다.

불편 부위가 없는데 반드시 치료해야 할 부위가 있다면, 꼭 치료해야 할 부위와 왜 지금 해야 하는지 설명해 준다. 현재 환자의 자금 상황에 따라 순서도 정해준다. 예를 들어 1월에 내원해서 2월에 자녀 입학금을 내야 하다 보니 목돈이 한 번에 나가서 당장은 힘들다고 한다면 언제부터 전체 치료가 가능한지 확인 후 순서를 정해준다. 3개월 후 만기 적금을 타서 그때부터 치료할 수 있다고 하면, '1. 지금: 가장 급한 치료. 30만 원 이내 가능 / 2. 3개월 후부터 치료: 왼쪽부터 치료해서 오른쪽까지 마무리'로 계획을 세울 수 있다.

이때 상담실장 보고 알아서 잘해달라는 경우가 있고 무조건 싸게 해달라고 하는 경우가 있다. 이런 경우, 무조건 안 된다고 단호하게 말하며 환자에게 무안을 주지 않도록 한다.

나 같은 경우 분납 결제를 말씀드리거나, 이렇게 답변한다.

"제가 비용적으로 맞춰드리면 정말 좋은데, 저희도 할인 비율이 정해져 있어서 죄송해요. 저희 친척 이모가 와도 안 돼요. 병원의 규칙이 있으므로 무조건 맞춰드릴 수는 없지만 그래도 환자분께서 부담되지 않는 방향으로 방법을 찾아볼게요. 할인 폭이 크지는 않지만, 대신에 제가 꼭 치료적으로 좀 더 세심하게 신경 써드릴게요."

대부분은 비용 문제도 있지만 얼마 차이 나지 않으면 잘해주는 병원을 선택하게 된다. 내가 이 비용을 들여서 잘 선택했다는 마음이 들 수 있도록 진심을 전달하는 게 중요하다.

두 번째, 시간과 통증이 고민되는 경우

정말 너무 바빠서 시간을 낼 수 없는 분들이 있다. 직장인들은 평일에 시간 내기 힘들 수 있는데 이 경우 야간진료나 주말 진료를 안내해 드린다. 내가 일한 병원은 일요일까지 진료했기 때문에 직장인들이 좋아했다. 야간진료를 하지 않는 병원이라면 자주 오지 않고 1~2주 텀으로 오시되 오실 때마다 많이 진행하는 방향으로 계획을 세울 수도 있다.

이때 중요한 것은, 무조건 환자에게 맞추겠다가 아니라 환자분의 시간과 병원 측의 스케줄을 조율해 보겠다가 포인트다.

실제로 시장 내에서 장사하시는 분이 계셨는데 쉬는 날이 없어 도저히 시간을 뺄 수 없다고 하셨다. 월요일은 월요일이라서, 주말은 주말이라서 바쁘신 분을 치과에 오게 할 수 있었던 방법은 병원이 한적할 때마다 전화를 드리는 것이었다. "어머님~ 바쁘세요? 지금 오시면 안 기다리시고 후딱 치료받으실 수 있으실 거 같은데. 삼십 분 정도 어때요? 가능하세요?"라며 자투리 시간을 이용하는 것이었다. 마침 그 시간이 비면 얼른 와서 치료받는 것이고 그렇지 않다고 해도 이렇게 개별적으로 신경 써서 연락해주는 병원에 고마움을 느끼게 된다. 나중에 정말 너무 불편해서 견딜 수 없으면 어떻게 해서든 시간을 내서 병원에 오게 된다. '시간을 내서 치과에 간다는 것'을 부담스러워하시는 분에게 이렇게 권유할 수도 있다. 핵심은 환자가 치료를 포기하지 않고 받을 수 있도록 하는 것이다.

통증이 고민되는 경우, 크림 마취나 무통 마취, 수면 치료 등 다양한 방법을 제시한다. 이때, '이런 건 아무 문제가 되지 않는다. 아이들도 다 받는다.'라는 식의 무심함이 아니라, 걱정에 대해 공감하고, 환자분을 위해 최대한 아프지 않도록 신경 써서 치료를 진행하겠다는 점을 강조한다. "맞아요. 정말 걱정되죠. 저도 이렇게 상담해 드리고 있지만, 막상 누우면 떨려요. 무섭고요. ○○ 님 마음 충분히 이해합니다. 마취하면 전혀 아프지 않으세요. 가끔 마취 자체에 통증을 느끼는 분들도 있으신데 그것도 저희가 아프지 않게 마취 크림과 무통 마취기를 준비했어요. 너무 걱정하지 마시고 치료 잘 받고 가시는 것만 생각하세요."라고 말씀드리고 진료실에 함께 들어가며 스태프 선생님께 "선생님~ 저희 ○○ 님 마취 크림을 넉넉하게 발라주세요. 원장님께도 무통 마취 안 아프게 신경 써달라고 꼭 전달해 주세요."라고 당부의 말을 한다. 원장님까지 합세해서 "안녕하세요, ○○○ 님. 오늘 ○○ 치료를 위해 마취를 하겠습니다. 아프지 않게 무통 마취로 진행할 건데, 혹시 불편하시면 소리 내세요."라고 한다면 환자도 안심하고 편안하게 치료를 받을 수밖에 없다. 여기서 끝나지 않고, 치료 후에는 어떠셨는지 여쭤보고, 다음 내원하셨을 때는 마취 풀리고 통증은 어떠셨는지 여쭤보며 세심하게 신경 써드린다. 별것 아닌 것 같지만, 환자는 여기서 치료받기를 잘했다고 생각할 것이다. 이것이 고객 만족이고, 신뢰로 이어지는 지름길이다.

세 번째, 신뢰가 고민되는 경우

"근데 원장이 너무 젊던데, 잘해요?", "뭐 다 잘한다고 하겠지!~ 내가 뭘 믿고 해?"

병원의 첫인상은 신뢰가 전부다. 진료 전 대기실에서 원장님 프로필 사진을 보며 원장님이 젊다고 말하는 것은 크게 문제가 되지 않지만, 원장님 진료를 보고 나서도 똑같은 질문을 한다면, 문제는 내부에 있다.

전자의 경우, 얼마든지 인식이 바뀔 '패'가 있다. 하지만, 후자의 경우 그 '패'들을 모두 확인했음에도 신뢰까지 이어지지 못한 경우이다. 이럴 때, 자신감 있게 응대하면 된다. 구구절절 저희 원장님 몇 살이시고, 경력이 몇 년 차고 말할 것이 아니라, "저희 원장님 젊어 보이시죠? 워낙 유능하셔서 빨리 자리 잡기도 하셨고, 자기관리도 철저하세요~."라고 말한 뒤, 평소보다 상담에서 전문성을 한 스푼 더하면 된다.

간단한 치료를 하더라도 왜 이렇게 진행했는지, 원장님의 철학과 함께 설명해 드리면 좀 더 신뢰를 얻을 수 있다. "임플란트 기술이 아무리 좋아졌어도, 결국 '내 치아'가 제일 중요하죠. 저희 원장님은 무조건 치아를 살리려고 노력하시기 때문에 먼저 이를 빼지 않고 신경치료를 진행하셨어요. 불편하지 않으면 이대로 치료를 이어서 진행할 거예요. 만약에 통증이 가라앉지 않거나, 치료하다가 원장님의 진단에 따라서 '안 되겠다.' 하시면 그때에는 발치 가능성이 있어요."라고 말씀드리면 '치아를 살리려는 노력'이라는 가치에 마음을 정하기도 한다.

상담 보류의 경우, 상담 실장의 능력이 부족해서 만이 아니다. 이 병원에서 해결이 되지 않기 때문에 망설이는 것이다. 먼저 '환자가 망설이는 이유'를 찾아내야 한다. 환자가 먼저 말하지 않아도 질문으로써 그 답을 유추할 수 있어야 한다. 환자가 우리 병원을 선택할 수 있게 명분을 주자.

4

4단계 :
스스로 말하게 하라

환자는 이미 병원 문을 열고 들어올 때, 어느 정도의 치료 결정이 되어 있다. 그게 '치료를 할까 말까?' 혹은 '여기서 할까 말까?'의 망설임일지언 정 말이다. '일단 설명 한 번 들어보고 치료를 해야겠다.'라는 마음을 먹고 들어선 경우가 꽤 많다.

내가 상담했던 풀 케이스 환자분들 중, 마무리 상담 후 가장 많이 들었던 이야기는 "실장님 믿고 합니다. 실장님 덕분에 잘 선택한 것 같아요. 정말 감사해요."였다. 이 병원에서 치료를 시작하게 되었던 결정적인 이 유가 바로 '나' 때문이라니, 정말 직업만족도가 최상의 순간이었다. 그 환자들은 보통 여러 치과를 다녀온 뒤 본원에 내원했었는데, 확실히 알게 된 것은 그간 방문했던 병원의 상담과 응대에서 '다름'을 느꼈다는 것이다.

본문 내용에도 계속 언급하고 있지만, 나는 특별한 상담 스킬이 없다. 뻔한 이야기지만 그저 진심을 다한다. 그 진심에는 '이번 달 매출 올려서 인센티브 받아야지.', '상담 꼭 홀딩 했으면 좋겠다.' 등의 생각은 단 1%도 없다. 실제로 원장님께서 상담 인센티브를 먼저 제안해 주셨지만, 거절했다. 이유는 내가 열심히 하는 상담의 이유는 늘 내 주머니가 아닌, '환자'에게 있길 원해서였다. 나는 정말, 환자분이 치료받고 기능을 회복하길 바라는 마음으로 다가갈 뿐이다. 그게 우리 병원이면 더 좋고. 그래서일까? 환자와의 상담에서 정말 본인이 원하는 것을 끄집어내고 속마음을 듣게 된다.

나의 상담에는 조급함과 시간제한이 없다. 그렇다고 세월아 네월아 하고 상담하진 않는다. 그저 상담하는 중에는 내 업무가 우선이 아닌, 환자가 우선이 되는 것뿐이다. 이 마음과 태도는 환자가 긴밀히 알아차린다. 실제로 "다른 곳은 상담을 빨리 끝내고 수납 받으려고 하던데, 여기는 실장님께서 열심히 설명해 주셔서 이해도 다 됐고, 감동받았어요. 정말 감사해요.", "여기는 실장님 보니까, 원장님 실력도 좋겠네요. 앞으로 잘 부탁드려요."라는 말을 들었다.

실장들 모임에 나가서 대화하다 보면 잘하시는 다른 실장님과 설명이나 내용이 겹친 적이 종종 있었다. 그만큼 내가 상담에 특별한 기교가 있거나, 탁월한 설명을 하는 것이 아니라는 것이다. 10년 차쯤 되면 상담 내용은 얼추 비슷할 것이다. 여기서 한 스푼의 '진정성'이 들어가는 것뿐이다.

우리는 환자의 치료 결정에 확신을 세워주어야 한다. '여기서 치료 시작하길 잘했어.'라는 마음이 생기면 환자는 치료비를 기꺼이 지불한다. 그 확신을 대체 어떻게 환자에게 줄 건지 스스로 고민하고 생각해봐야 한다.

환자를 관찰하며 질문을 하다 보면, 답을 유도하지 않아도 스스로 말한다. 치료를 받고 싶은 이유, 치료를 지금 망설이는 이유 모두 환자에게서 답을 얻을 수 있다. 여기서부터가 중요하다. 환자가 질문을 마주하고, 생각해보고, 입 밖으로 꺼내면서 합리적이라고 생각이 들어야 하기 때문이다.

본인 스스로 말함으로써, 환자를 나의 상담에 끌어들이고, 치료 플랜에 기꺼이 참여하도록 한다. 질문이 답을 바꿀 수 있다. '좋은 결정이었다.'라고 환자의 결정에 확신을 세울 수 있는 상담을 하자. 그리고, 환자의 그 생각이 치료 종결 이후까지 유지될 수 있도록 최선을 다하자.

'유종지미(有終之美)' 있을 (유), 마칠 (종), 갈 (지), 아름다울 (미)로 끝맺음의 아름다움이 있다는 뜻이다. 어떤 일을 시작하면 중간에 포기하지 않고 끝까지 해내는 것이 중요하다는 말이다. 그럴싸한 말과 포장으로만 환자를 회유하기에 급급하지 말고, 내가 한 상담에 책임을 지고 끝까지 유종지미를 거둬야 한다.

5

5단계 :
클로징의 타이밍을 잡아라

상담 과정에서 중요하지 않은 것은 없다. 처음 환자와의 대면부터 마무리 인사까지 모든 부분이 중요하지만, 클로징의 파급력에 따라 홀딩 여부가 결정될 수 있다.

클로징은 타이밍을 잘 잡아야 효과가 크다. 그러기 위해서는 지금이 상담 클로징의 타이밍인지부터 확인하는 것이 중요하다. 효과적인 클로징을 위해서 해결해야 할 항목은 다음과 같다.

1. 환자의 니즈가 있는가?

2. 환자가 치료받을 수 있는 상황인가?

3. 환자가 결정권자인가?

4. 환자가 치료를 원하는가?

클로징이 안 되는 대부분은, 이 네 가지가 명확하지 않은 경우이다. 환자의 마음이 아직 기울지도 않았는데 하는 섣부른 클로징은 환자에게 'NO'라는 대답을 들을 수밖에 없다. 클로징의 타이밍이 아닌데도 불구하고, 결제를 넌지시 말한다거나 조급함이 보이는 순간 그 상담은 실패한 것이나 다름없다. 물론 세일즈에서도 실패했고.

환자가 마음의 문을 열기도 전에 문을 막 두드리는 것은 도리어 부정적으로 다가온다. 특히나 환자가 먼저, 내 앞에 앉아있는 상담자가 본인의 치료를 '세일즈' 한다고 생각하는 순간 금액 저울질에서 벗어나기 힘들 수 있다.

클로징은 환자가 충분히 본인의 상태를 인지하고, 병원에서 제안한 치료 계획이 어느 정도 이해된 상태에서 '여기서 할까 말까?' 하고 고민할 때에 해야 한다. 클로징의 최적의 타이밍은 환자의 관심이 상담에 완전히 무르익었을 때다.

지금까지 열심히 상담했지만, 환자는 모든 내용을 기억할 수 없다. 상담 내용을 요약정리해서 언급해 주어야 한다. 이때 환자의 니즈나 원츠가 직접 해결될 수 있는 치료 내용이나 과정을 강조하는 것이 좋다. 예를 들면, 오른쪽 아래가 아파서 치료하고 싶지만 무섭기도 하고 이전에 치료받았던 곳이 강압적인 느낌이 들어 걱정된다는 환자에게 "오른쪽 아래는 이미 알고 계시는 것처럼 치료를 더 피할 수 없어요. 또, 오른쪽이 아파서 왼쪽으로만 식사하시기 때문에 왼쪽이 무리하고 있고요. 저희는 치료하기 전에 아프지 말라고 가글 마취와 도포 마취제를 발라드리고 있어요. 마취할 때도 무통 마취를 하므로 통증은 거의 없어요. 걱정되시겠지만 믿고 맡겨주신다면 아프지 않고, 안전한 방법으로 치료를 도와드릴게요. 원장님께서도 세심하셔서 잘 봐주실 거예요. 혹시라도 조금이라도 불편하신 점이 있다? 그럼 바로 저한테 말씀해 주세요. 제가 꼭 ○○ 님께서 잘 치료받으시고, 치료 끝나실 때까지 불편하지 않도록 신경 쓰겠습니다."

클로징을 할 때는 멘트, 말투, 행동, 표정 모두 신경 써야 한다. 이때, 나의 에너지를 담아 힘 있게 클로징을 해야 환자가 신뢰를 가지고 치료를 진행하게 된다. 만약, 이해가 되지 않은 채로, 신뢰가 없는 채로 분위기에 휩싸여 선택하게 된다면 환자들은 집에 가는 길에도 번복할 수 있으며, 며칠 뒤에도 번복할 수 있다.

환자와의 상담을 통해 많은 정보가 수집된 상태라고 가정했을 때, 이미 환자에게 제안할 수 있는 선택지가 추려져야 한다. 환자에게 너무 많은 선택지를 줄 경우, 환자는 고민할 시간이 길어지고, 결정을 미루게 된다.

먼저, 우리 병원에서 치료를 받을 환자라고 가정하고 상담을 이끌어간다. 예를 들면, "○○ 님 5시에 퇴근하신다고 하셨는데, 회사에서 이동하시는 시간 고려해서 예약은 6시로 잡는 게 좋을 것 같아요. 야간진료가 있는 화, 목 중에서는 어떤 날이 좋을까요?"라든지, "지금 급한 치료는 오른쪽 위라고 원장님께서 말씀해 주셨는데, ○○ 님께서는 오른쪽 위는 지금 괜찮다고 하셨죠? 그럼 보이는 앞니가 더 신경 쓰이시니까 우선 앞니 치료 먼저 잡아드릴까요? 앞니 치료는 금방 끝나니까 앞니부터 치료하고 오른쪽 위에 치료하시면 될 거 같아요."라는 말로 내가 제시한 프레임으로 환자를 유도하는 것이다.

병원에 호의적이거나, 성격이 급한 환자거나, 비슷한 치료 경험이 있거나 하는 경우는 클로징 시 효과를 톡톡히 누릴 수 있다. 그러나, 이 병원에서의 상담이 처음이거나, 본인의 생각보다 높은 금액대의 지출을 하게 될 진료가 처음이라면 부담을 느끼고 거리를 두게 될 수 있다. 헷갈리지 말자. 클로징은 강하게 밀어붙이는 판매, 즉 '강매'가 아니다.

나는 클로징을 굉장히 중요하게 생각한다. 상담에서 클로징이란 마무리하는 단계이며, 환자가 결제하게 만드는 단계이다. 병원 상담은 세일즈와 떼려야 뗄 수 없는 관계이지만, 나는 조금 다른 의미로 클로징을 중요하게 생각한다. 환자의 지갑이 아닌 마음을 여는 과정이라고. 그래서 나는 상담의 결과가 오늘 당장 홀딩이 아니더라도 괜찮다고 생각한다. 언제든 다시 내가 떠오르고, 우리 병원이 떠올라 방문하게 된다면 그것이야말로 더 큰 기쁨이다.

내가 지향하는 클로징은 이렇다. 그리고, 많은 수강생에게 전달하고자 하는 상담 클로징의 메시지는 이렇다. 잘 된 클로징을 통해 상담이 성공적으로 마무리되고, 환자와의 관계가 신뢰를 바탕으로 돈독해지고, 병원에 대한 만족도가 높아진다면 천군만마를 얻은 것과 같다.

6

6단계 :
끝날 때까지 끝난 게 아니다

열심히 상담했음에도 불구하고, 고민해 보겠다고 하거나 가족들과 상의를 하겠다고 해서 낙담하지 말자. 환자가 오늘 당장 치료를 하지 않거나, 예약을 잡지 않는다고 해서 그 상담이 실패한 것은 아니다.

나는 실제로, 위의 경우에 실망하거나 초조해하지 않는다. 오히려 환자분께 여러 병원의 상담을 받아보시고 비교해 보시길 적극 권장 드리는 편이다. 특히, 큰 금액대의 치료비가 예상되는 경우에는 더 그렇다.

"물건을 사는 것도 고민하고 여러 군데 비교하며 구매하는데, 하물며 내 입안에서 일어날 일이니 더욱 걱정되시고, 고민이 되는 게 당연하죠.

비용도 비용이지만, 앞으로 믿고 다닐 수 있는 병원 인지도 중요하구요. 진단이 비슷하더라도 원장님마다 치료 계획이 다를 수 있어요. 중요하게 생각하는 가치관이나 우선순위가 다를 수 있기 때문이죠. 어떤 원장님이 맞고, 어떤 원장님이 틀리고 하지 않아요. 여러 원장님께 진단 받아보시고, 왜 그렇게 치료를 해야 하는지 설명도 꼭 들어보세요. 실장님께 상담도 받아 보시고요. 번거로우시더라도 시간을 내셔서 그렇게 해주셔야 하는 이유는 다름 아닌, ○○ 님의 일이잖아요. 꼭 ○○ 님의 불편감 회복을 위해 신경 써주고 최선을 다하는 병원을 선택하세요."

그리고 덧붙여 언제든지 비교 대상이 되더라도 환영이라는 말을 한다.

"제가 오늘 ○○ 님 상담 내용을 꼼꼼하게 적어드렸지만, 그래도 여러 군데 상담 받으시면 또 헷갈릴 수 있어요. 그럴 때, 언제든지 치과에 전화 주셔서 최이슬 실장 찾으시면 제가 다시 한번 상세하게 안내해 드리겠습니다. 전혀 귀찮거나 번거로운 일이 아니니 부담 갖지 마시고 연락 주세요."

이렇게 클로징 하면, 하루 이틀 뒤에 연락 와서 실장님 설명만 다시 한번 듣고 싶다는 경우가 많았다. 혹은 몇 주가 지난 뒤에도 다시 한번 실장님께 상담을 받고 싶다고 요청을 하는 경우도 꽤 있었다. 이때마다 나는 정말 반갑게 맞이해주고, 최선을 다해 설명해 주었다. 타 병원에서 상담 받고 오신 걸 알고 있지만, 견적이 얼마나 나왔는지 크게 궁금해하지 않고 질문도 하지 않았다. 환자와의 상담에서 견적은 정말 중요하지만, 견적보다는 가치에 중점을 두었다. 재상담을 하며 얻은 환자의 정보를 적극적으로 활용했다. 환자가 원하는 모습. 환자가 바라는 치료 후 예상 모습을 캐치했다면 본격적으로 우리 병원에서 해결해 줄 수 있는 것에 대해 적극 어필했다.

나는 100만 원의 치료비가 차이 나도 우리 병원에서 해야 하는 이유를 내 입으로 말하지 않는다. 우리 병원이 비싼 이유, 다른 병원이 저렴한 이유를 굳이 내 입으로 말하지 않아도 환자가 직접 그 이유를 찾도록 만들었다. 환자 중에 친절한 사람을 싫어하는 사람은 드물다. 자신에게 관심을 가지고 노력하는 사람을 마다할 환자는 더더욱 드물다.

천만 원이 넘는 환자 중에 단번에 치료를 시작했던 환자들도 많았지만, 두 번 세 번의 상담을 통해 결정지으신 환자분들도 많다. 여기까지 얘기하면 PT 컨설팅 받는 수강생들은 상담 미동의 환자분들께 해피콜을 해서 재상담을 잡는지 묻는다. 사실 나는 상담 미동의 환자분에게 해피콜을 하지 않는다. 환자가 먼저 "여기서 하고 싶긴 한데, 며칠 좀 고민해 볼게요."라고 하는 경우, "네, 제가 목요일쯤 연락드려 봐도 될까요?(3~4일 뒤) 고민해 보시고, 만약 그전에 먼저 결정이 나시면 연락 주세요."라고 말한다. 이런 경우를 제외하고는 따로 연락드리지 않는다.

내가 이렇게 할 수 있었던 이유는 앞선 상담에 자신이 있기 때문이었다. 높은 확률로 치료를 들어가거나, 재상담이 잡혔기 때문이기도 했지만, 무엇보다 치료를 재촉하고 싶지 않았다. 나의 상담은 '환자가 확신을 가지고 직접 선택한 병원'이 되며 마무리된다. 강요가 아닌, 밀어붙임이 아닌 스스로 선택한 병원 말이다.

환자가 우리 병원에서 치료를 받게 되었다고 해서 긴장의 끈을 놓지 말자. 상담에 성공했고, 환자가 유치되었다는 것만으로 만족해서는 병원과 내가 발전할 수 없다. 미동의 환자에게만 해피콜을 할 것이 아니라, 내 상담을 통해 이 병원을 선택해 준 환자에게 감사의 마음을 담아 해피콜을 해보면 어떨까. 우리 병원을 선택해 줬기에 더욱 감사를 표현해야 한다.

나는 상담 홀딩 환자를 '나를 선택해 준 환자'라는 표현을 하기도 한다. 실제로 환자들이 "실장님 때문에 여기에서 치료받기로 했어요."라는 말을 많이 해주셨기 때문이다. 이들에게 상담 이후 더욱 '내 사람'이라는 마음을 가지고 대한다. 다른 환자분들께도 최선을 다하지만, 나를 선택해 주신 환자분들에게는 특별히 더 실망시키지 않도록 끝까지 최선을 다한다. 치료 중간, 진행 과정을 브리핑하며 아픈 부분은 없는지, 치료받는 동안 불편함을 느끼시는 부분은 없는지 여쭤보고 근황 토크를 한다. 피드백이 있다면, 경청하고 개선해 드리며 치료과정의 끝까지 동행한다.

나는 그들에게 실장 그 이상의 존재가 되어준다. 내가 그들의 편이 되어주는 것처럼, 그들도 환자 그 이상이 되어 나의 편이 되어준다. 환자를 내 편으로 만든다는 것은 책임이 따르고, 나는 그 책임을 질 수 있는 사람이 되기 위해 최선의 노력을 한다.

이게 상담이 쉬워지는 결정적 '한 방'이다.

4. 상담이 쉬워지는 결정적 프로세스 6단계

1단계: '인사' 하나로 이미지를 각인시켜라.

큰 노력을 하지 않고도, 나를 전문적으로 만들어주고 호감 가는 사람으로 만들어주는 것은 바로 '인사'다. 인사는 '나'라는 사람을 각인시키고 분위기를 부드럽게 해주는 무기가 된다. 환자 또한 내 인사에 화답하며 자연스럽게 화기애애한 분위기가 형성된다. 인사는 상담의 벽을 조금 허문 채로 시작하는 '필살기'이다.

2단계: 니즈와 원츠, 그 사이를 캐치하라.

우리는 환자의 정확한 니즈를 파악하고, 그에 따른 원츠까지 파악해야 한다. 비슷한 상담 사이에서 처음 본 환자에게 진심을 다하고, 콕 집어 말하지 않았는데도 알아주는, 그런 만족스러운 상담을 한다면 기꺼이 환자는 그 병원을 선택할 것이다.

3단계: 환자가 고민하는 원인을 제거하자.

상담 보류의 경우, 상담 실장의 능력이 부족해서만이 아니다. 이 병원에서 해결이 되지 않기 때문에 망설이는 것이다. 환자가 우리 병원을 선택할 수 있게 명분을 주자.

4단계: 스스로 말하게 하라.

본인 스스로 말함으로써, 환자를 나의 상담에 끌어들이고, 치료 플랜에 기꺼이 참여하도록 한다. 질문이 답을 바꿀 수 있다. '좋은 결정이었다.'라고 환자의 결정에 확신을 세울 수 있는 상담을 하자.

5단계: 클로징의 타이밍을 잡아라.

클로징 최적의 타이밍은 환자의 관심이 상담에 완전히 무르익었을 때다.

6단계: 끝날 때까지 끝난 게 아니다. 마지막까지 최선을 다한다.

환자가 우리 병원에서 치료받게 되었다고 해서 긴장의 끈을 놓지 말자. 상담에 성공했고, 환자가 유치되었다는 것만으로 만족해서는 병원과 내가 발전할 수 없다. 환자의 치료가 성공적으로 마무리될 수 있도록 최선을 다해야 한다.

5장

진짜 고수는
컴플레인 환자의 신임을
얻는다

1

컴플레인과 클레임,
그 오묘한 차이

컴플레인과 클레임. 아마도 많이 들어봤을 것이다. 먼저 명확한 뜻을 짚고 넘어가자.

클레임(claim)이란, 구매한 물건 또는 제품에 하자가 있을 때, 제기하는 이의 및 손해배상을 일컫는 말. 클레임은 객관적인 문제점에 대한 지적.

컴플레인(complain)이란, 고객이 상품의 질이나 서비스 따위에 불만
족하여 제기하는 불평. 컴플레인은 불만족스러운 고객 서비스, 직원/
점원의 태도 등 주관적인 문제점에 대한 지적.

PFM(Porcelain Fused Metal) 크라운 치료를 하고 며칠 지나지 않아 깨진 환자가 있다. 곧바로 치과에 전화해 이 사실을 알리고 예약 후 내원했다. 환자는 불과 며칠 만에 깨진 보철이 다시 한다고 안 깨질 수 있는지 질문했다. 여기서 A치과와 B치과의 응대는 달랐다.

A치과에서는 환자에게 먼저 "너무 놀라셨죠. 이 재료가 도자기라서 깨질 수 있어요. 미리 설명도 드렸지만 이렇게까지 빨리 깨져서 놀라셨을 거예요. 저희도 이렇게 빨리 깨진 적은 처음이라 당황스러운데요. 저희가 최대한 불편하지 않은 방향으로 찾아볼게요."라고 사과와 함께 방법을 찾아보겠다고 했다.

그리고 잘 깨지지 않는 지르코니아(Zirconia: 더 자연스럽고, 강도가 강한 치아 색 보철)로 무료로 업그레이드해 드리기로 했다. 이때도 그냥 바꿔주는 것이 아닌, 바꿔주는 이유를 설명했다. "원래 씹는 힘이 세신 분들은 저희가 애초에 지르코니아를 권하는데 비용 걱정을 많이 하셔서 도자기로 말씀을 드렸었어요. 그런데 역시나 안 되겠네요. 원장님께

서 혹시라도 다시 해도 깨질까 봐 걱정되신다고 이건 무료로 업그레이드 해 주신다고 하셨어요."라고 얘기하자 환자는 '클레임'을 걸었지만 크게 만족했다. 자신의 상황을 생각해서 업그레이드해 준 병원에 고마워했고, 그 감동을 소개 환자를 모셔 오는 것으로 표현했다.

여기서 핵심은 업그레이드를 무료로 해주냐 비용을 받느냐가 아니다. 환자의 놀란 마음을 진정시켜주고 공감한 뒤 방법을 찾으려고 '노력'했다는 것이다.

B치과는 어떻게 했을까? 환자는 보철이 깨진 직후 바로 치과에 전화했다. 그러자 직원이 "그쪽으로 딱딱한 거 드신 거 아니에요? 원래 잘 안 깨지는데."라고 대꾸했다. 적지 않은 금액을 지불하고 치료를 한 게 며칠도 못 가서 깨진 것도 어이가 없는데 마치 본인 과실인 것처럼 이야기하는 태도에 신뢰가 깨졌고 화가 났다.

병원에 찾아와 한바탕 소리 지르며 난리를 피웠고, 결국 원장이 죄송하다며 재료를 무료로 업그레이드 해줬다. 환자는 업그레이드 해주어도 전혀 고맙지 않았고 치료가 끝난 후 다시는 B 치과로 발걸음 하지 않았다.

같은 상황이라도 어떻게 대처하느냐에 따라 달라진다. 같은 무료라도 받아들이는 감정이 다르다. 클레임이 컴플레인이 될 수 있다.

C치과의 일이다. 임플란트 수술을 하고, 그 자리가 아프다고 오신 환

자가 있었다. 보통보다 조금 많이 그 자리가 부어 있었고 환자 역시 본인이 붓는 사람이 아닌데 왜 부었냐며 의사에게 물었다. 원장님은 특별한 설명 없이 "이렇게 붓는 분들이 계세요."라는 말만 했다. 원장님의 특별한 지시사항이 없었기 때문에 실장도 "잘 붓는 체질이신 분들이 계세요."라고 이야기했다. 그러자 환자는 화를 내고 갔다.

C치과 실장은 이 상황을 이야기하며 '제가 뭐라고 말했어야 할까요?'라고 커뮤니티에 질문했다.

이 글에 엄청난 댓글들이 달렸는데 보고, 할 말을 잃었다. '더 할 말이 있나요. 아프셔서 그냥 예민하시니까 그러려니 하고 말 길게 더 안 하시는 게 나을 듯요.', '수술을 했으니 아프고 붓는 거지 어휴 무식이 죄예요.' 등의 댓글은 환자를 겨냥하고 있었다.

환자는 단지 걱정이 되었을 뿐이다. 본인 몸은 본인이 잘 안다고 생각했을 것이고, 임플란트 수술이 혹시 잘못된 것은 아닌지 하는 불안감도 있었을 테다. 치과에 방문하기 전부터 걱정되기 시작했던 이 마음은 점점 불안한 마음이 되었지만, 치과에서 확인하면 괜찮을 거라고 스스로를 다독이며 불안감을 떨쳐내려고 노력했을 것이다. 그러나, 아무도 그렇게 해주지 않았다. '원래 그렇다'는 말 대신에, 이렇게 말했다면 어땠을까?

"겉으로 보기에는 많이 부어 보이시진 않으신데, 볼 안쪽으로는 많이 부은 느낌이 있으신 거예요~? 입 벌리시기도 조금 힘드시죠? 통증은 처방해 드린 약 외에 진통제를 따로 드실 만큼 있으세요? 아니면 약 드시면 조금 괜찮으세요? 임플란트 수술이 사람마다, 또 부위마다 느끼는 정도가 다를 수 있어서 그러실 수 있어요. 붓고 통증 있으셨다니까 이 부분 원장님께 전달해드릴게요. 이따 원장님께서 드레싱하시면서 수술 부위 확인해주실 거예요. 너무 걱정하지 마세요. 어제 원장님께서 수술 잘 끝났다고 하셨으니까 별일은 아니겠지만 혹시 약 처방이나 따로 처치가 필요하게 되면 말씀드릴게요."

컴플레인 환자를 '진상 환자'로 생각하고 있지는 않았는지, 화부터 내시는 환자분께 나도 함께 화내며 맞대응하고 있지는 않았는지, 환자의 말을 '내 멋대로' 대수롭지 않게 생각하고 있지는 않았는지 되돌아보자. 컴플레인은 환자에게서'만' 발생하지 않는다.

2

진상 환자와 그냥 좀 예민한 환자를
대처하는 법

지금까지 꽤 많은 진상 환자를 겪어봤을 것이다. 그중, 당신을 제일 부들거리게 했던 진상 유형은 어떤 유형이었는가?

나는 반말하며 삿대질하는 환자, 욕설하는 환자, 진료가 끝났는데 수납을 안 하려고 하는 환자, 사사건건 말꼬리 잡고 트집 잡는 환자, 수술 약속 잡고 매번 당일 잠수 타는 환자, 실수하길 기다렸다 큰소리치는 환자, 사적으로 만나자고 하는 환자 등 많은 유형을 겪었지만 제일 상대하기 피곤한 유형은 '보호자'가 진상일 때였다.

일단 보호자는 '보호'한다는 명목하에 굉장히 예민하게 반응한다. 본인이 겪지 않고 환자에게 전해 들은 이야기들로만 판단한 뒤 꼭 전화로 일방적인 막말을 퍼붓는다. 최소한의 사실 확인도 거치지 않고 '우린 피해자고, 너넨 가해자야. 아무 잘못 없는 환자를 등쳐 먹는 병원! 나 지금 굉장히 논리적이야. 내 말이 맞지? 말 끊지 마. 지금 내가 말하고 있잖아! 아무 말 하지 마. 그러니까 이런 소리 안 듣게 애초에 똑바로 했어야지!' 등의 뉘앙스로 쉴 새 없이 몰아붙인다.

이때, 상대방의 말을 끊고 대응하는 것은 최악의 선택이다. 그 순간부터 나도 모르게 목소리가 점점 커져서 나중에는 큰소리로 맞대응하고 있는 모습을 발견할 것이다. 이 모습은 대기실에 앉아있는 환자도 다 보고 듣기에 조심해야 한다. 최소한 다른 환자에게까지 나쁜 이미지를 심어주지 않도록 해야 한다.

컴플레인 상황에서 오는 스트레스는 피할 수 없을지도 모른다. 만반의 준비가 되어있는 상태에서도 피할 수 없는데, 무방비 상태에서 쓰나미처럼 밀려오는 스트레스를 피할 도리란 없다. 다만, 스트레스를 즉각적으로 낮추는 방법은 있다. 아마 모두가 알고 있을 것이다. '심호흡' 알지만, 되지 않는 그것.

크게 숨을 들이마시고, 길게 내쉬어보자. 한 번만으로도 효과를 볼 수 있다. 먼저, 뇌에 산소를 전달하는 것이 첫 번째 효과이고, 두 번째 효과는 잠시 쉼으로써 '바로 반박하지 않는 것'이다.

고구마를 잔뜩 먹어서 목 막힌다고, 되레 진상으로 다가가는 것은 '사이다를 마시는 것'이 아니다. 진짜 고수는 진상의 신임을 얻는다. 오히려 더 피곤해질 것 같지만, 아닌 경우가 더 많다. 신임을 얻고 나면, 이후부터는 좀 더 유연한 대처가 가능하다. 불신으로 가득 찬 나의 이야기를 모두 변명으로 치부하고 듣기를 거부하는데, 어떻게 신임을 얻을 수 있을까?

사실 진상 환자라고 정해진 건 없다. 조금 예민할 뿐인데 병원에서 '진상'이라는 프레임을 씌워서 이상한 사람으로 몰고 가는 경우도 많다. 물론 진짜 상식이 통하지 않는 사람도 있다. 그렇다 해도 대처가 가능하다.

대부분 환자가 화를 내는 이유는 자신의 할 말이 아직 끝나지 않았는데 자꾸 끊기 때문이다. 이미 화가 나서 와다다 쏟아내는데 거기에 자꾸 브레이크를 걸면 오히려 화를 부추기는 것과 같다. 말하다 말고 화를 주체하지 못해 전화를 끊어버리면 더는 진전되기 어려워진다. 일단 환자가 쏟아내면 하고 싶은 말을 다 할 때까지 끊지 말고 들어주자. 말을 다 하고 나면, '준비한 내 말은 다 했어. 어디 반박할 수 있으면 해봐.'라는 마음으로 차례를 넘겨준다. 그런데 그때까지 기다리지 못하고, 자꾸만 환자의 말을 끊고 반박하니 짜증 날 수밖에. 논점이 자꾸 흐려지는 것 같고, 환자가 준비한 말을 다 꺼내지 못하니 화가 나는 것이다.

차분히 듣고 있다는 추임새만 적절히 넣어주면서 환자가 이야기를 다

할 수 있도록 한다. 반박하고 싶은 내용은 환자의 턴이 다 끝나고 나의 턴이 되었을 때 하면 된다. 이때 기록을 하면서 듣는 것을 추천한다.

기록은 환자의 말을 집중해서 잘 듣고 있다는 태도를 보이기 위함도 있지만, 상황에 따라 말이 달라지는 경우도 있어 저장하는 것이다. 나는 주로 모든 내용을 전자 차트에 기록하고 있는데, 환자가 했던 말을 가감 없이 그대로 빠르게 기록할 때 유용하다. 현재 상황을 '기록하고 있다.'라는 뉘앙스를 환자에게 풍기면, 말을 가려서 하기도 한다. 실제로 이렇게 해본 결과, 꽤 많은 환자가 단어를 사용할 때 조심히 하는 것을 알 수 있었다. 처음에는 다짜고짜 화를 내더라도, 침착한 목소리로 대응을 하면 나중에는 환자도 침착하게 말을 한다. 그리고, 통화가 끝날 때쯤에는 아까 화를 내서 미안하다고 먼저 사과하며 전화를 끊는다.

만약, 화를 못 이겨서 혼자 이야기하다가 전화를 끊는 환자에게는 모른 척 다시 전화를 건다. 안 받으실 것 같지만, 대체로 받으신다. "어~ 죄송해요~ ○○ 님께서 말씀하시는 도중에 전화가 끊겼어요. 죄송합니다. 다시 한 번만 말씀해 주세요."라고 뻔뻔하게(?) 아무렇지 않은 척, 모른 척, 이야기하면 처음과는 달라진 온도로 차분하게 한풀 꺾여서 이야기를 시작하신다. 전화를 거절하시면, 문자를 남겨드려도 좋다.

이제 차분히 대화할 환경이 만들어졌다. 지금부터는 훨씬 쉽다. 컴플레인 환자 대처법과 똑같이 경청 후 설명해 드리고 대안을 말씀드린다. 나의 멘탈을 최대한 지켜서 차분하게 응대하는 것이 포인트다.

진상 환자에 대처하는 나의 멘탈

1. 모든 사람을 만족시키려 하지 않는다.

2. 나의 감정에 깊이 빠지지 않는다.

3. 즉각적인 결과를 기대하지 않는다.

해결되었다면 마무리 멘트까지 잘 마쳐야 한다. 이 마무리 멘트가 정말 중요하다. 환자도 화내고 나서 일이 잘 해결되면, 괜히 미안하고 민망해진다. 사과하기도 뭣하고 주뼛주뼛할 수 있다. 이때 내가 먼저, 당연히 그러실 수 있다며 공감해 드리고, 다음부터는 오해하실만한 상황이 없도록 더욱더 신경 써서 일 처리를 하겠다고 말씀드린다. 이와 같은 방법은 120%의 확률로 신임을 얻으며 미션 클리어할 수 있다.

3

컴플레인 해결 4단계
프로세스

컴플레인은 누구나 할 수 있다. 우리도 다른 서비스를 이용하면서 생기는 불만을 관계자에게 말한 경험이 있을 것이다. 분명 이건 이렇게 하면 안 될 것 같은데 뭔가 불합리해 보이거나 무시당한 기분이 들면 컴플레인을 하게 된다.

환자도 마찬가지다. 불만을 얘기한다는 건 지금까지 경험한 것이 마음에 들지 않는다는 말이다. 그 속마음을 들어주고 해결해주어야 한다. 자 그럼 컴플레인 해결 프로세스 4단계를 함께 따라가 보자.

첫 번째, 공감해주면서 경청한다.

앞에 진상 환자 부분에서도 말했듯이 경청하는 것 정말 중요하다. 환자가 끝까지 말할 수 있도록 환경을 조성해 주고 공감해주어야 한다. 듣는 중에는 고개를 끄덕여 주거나, 쿠션 멘트 등을 사용해 경청하고 있다는 제스처를 보여준다.

여기서 '공감'은 '환자의 말이 100% 맞다.'의 의미가 아닌, '당신이 그래서 불편했구나.'의 의미다. 직원이, 혹은 원장님이 그럴만한 상황과 사정이 있다고 하더라도, 우선은 환자가 컴플레인 상황을 말하는 동안 끊지 않고 기다려주자.

이때 무작정 듣기만 하는 게 아니라 컴플레인을 하는 목적이 무엇인지를 파악해야 한다. 이 과정은 좀 더 간단히 말해 '불만 접수'를 하는 것이다. 환자가 불만을 제기하면 그 내용을 정확하게 파악하는 것이 기본이다. 이때 병원의 입장에서만 듣고 있다면 '공감과 경청'은 실패할 것이고 컴플레인 해결도 못 하게 된다. 환자의 관점에서 들을 수 있어야 이후 대처를 잘할 수 있다.

두 번째, 컴플레인 정황을 파악했다면 해당 부분에 대해서 즉시 사과한다.

컴플레인 내용을 파악한 후, 해결하기 위한 대처 방안을 찾아야 하지만 먼저 필요한 것은 환자가 느꼈을 불편감에 대한 사과이다. 사과를 드릴 때는 단순히 기계처럼 "죄송합니다." 단답형 인사가 아니라 "저희가 한 번 더 신경 썼어야 했는데, 불편 끼쳐서 죄송해요. 다음에 오시면 그 부분 한 번 더 설명해 드리고, 불편감 느끼시지 않도록 좀 더 신경 써서 진료하겠습니다."라며 죄송한 상황을 설명하는 것이 훨씬 효과적이다.

세 번째, 대안을 제시한다.

컴플레인 사항을 해결하는 데 적극적인 모습을 보여야 한다. 문제를 해결할 때는 가능한 한 빠르고 신속하게 대처해야 하지만, 빠르게만 일 처리를 하려다가 도리어 실수를 하게 되면 신뢰는 걷잡을 수 없이 하락할 수 있으므로 신중하게 접근해야 한다.

병원에서 제시할 수 있는 범위가 좁혀진다면, 환자와 공유한다. 이 과정에서는 환자가 원하는 대안과 병원에서 제공할 수 있는 대안 사이에서 적절한 합의점을 찾아야 한다. 환자는 만족하지만, 병원은 큰 손해를 입거나, 병원에만 이득이 되어서는 안 된다. 환자가 만족할 만한 대안을 찾아야 한다.

네 번째, 마지막 클로징 멘트를 한다.

마무리 응대는 감정적인 응대가 필요하다. 꼭 들어갈 내용은 아래와 같다.

1. '내가 환자분의 내용을 다 이해했다.'라는 요약정리

2. 대안 제시

3. 마무리 인사 "불편드려 죄송해요."

제일 중요한 것은 같은 컴플레인이 또다시 반복되지 않도록 해야 한다는 것이다. 기계적이고 누구에게나 하는 똑같은 응대의 느낌이 들지 않도록 주의해야 하며, 이때만큼은 특별한 대우를 받고 있음을 느끼게 해줘야 한다. 이는 저자세로 응대하라는 것이 아니다. 자칫하면 갑질로 이어질 수 있으므로 주의해야 한다.

컴플레인 발생 시 같이 언성을 높이거나 말을 끊지 않아야 하지만, 내용이 과격해질 때는 한번 환기할 겸 한 템포 끊어줘야 한다. 대기실이나 진료실에 계시는 다른 환자가 들을 수 있음을 의식해야 한다. 환자들은 정확한 내용은 잘 모르기 때문에 분위기나 뉘앙스만으로 평가하기도 하기 때문이다.

여기까지 기본 툴을 잡았다면 답변 예시와 함께 좀 더 세부적으로 들어가 보자. 환자가 새로 한 보철물이 불편하다고 토로하며 내원했다고 하자.

순서	답변 예시
1. 사과	"불편드려서 죄송해요."
2. 공감과 질문	"임시 치아 때부터 불편하셨어요?"(언제부터 불편했는지 확인) "입안이 다 헐어서 너무 불편하셨죠?"(공감) "식사는 현재 어느 쪽으로 하고 계세요?" "보철물이 큰 느낌이 있다고 하셨는데 혀나 볼을 씹거나 하진 않으세요?" "씹을 때는 괜찮으셨어요?" "음식물 끼는 것은 어떠세요?"
3. 정정 (상황에 따라 생략)	"본뜨는 것은 보철의 위치나 물림의 정도에 따라서 한 번에 말고 따로따로 뜨기도 해요~."
4. 어필	"저희 선생님이 원래 꼼꼼히 잘해주시는데~ 불편 끼쳐 죄송해요. 제가 좀 더 신경 써서 잘해드리라고 말해놓을게요."
5. 대안	"아무래도 새로운 보철물이 들어가기 때문에 적응하는 기간이 필요하긴 한데, 입안도 헐어있어서 불편하시니까 한번 방문해주시면 저희가 체크 후에 안내해 드릴게요."
6. 마무리	"번거롭게 해드려서 죄송해요~ 이해해주셔서 감사합니다. 다음번에 오시면 꼭 신경 써서 해드릴게요. 그럼 ○○일에 뵙겠습니다."

컴플레인 발생 시 최대한 질문을 많이 해서 정보를 획득한다. 상담 시에 하는 질문들처럼 꼬꼬무(꼬리에 꼬리는 무는) 질문을 한다. 보통은 계

속되는 질문에 귀찮아할 것 같지만, 본인의 상태를 알아봐 주고 궁금해하는 사람에게 오히려 적극적으로 답변하며 마음의 문을 연다. 나는 항상 진정성 있는 태도로 환자의 마음을 들여다보려고 노력한다. 노력이 느껴지는지 대부분 원만하게 해결하면서 오히려 더 좋은 관계로 나아간다.

컴플레인 해결 프로세스가 가지는 의미는 결국 더 나은 서비스 제공을 위함이다. 컴플레인이 없는 병원이 가장 베스트지만, 우리 병원의 문제점을 환자를 통해 인식하고, 개선해 나가며, 나아가 최상의 진료 서비스로 향하게 된다면 이것이야말로 '위기가 기회로' 될 수 있다.

4

불만 고객을 '내 편'으로
확보하는 8가지 방법

불만 고객을 '내 편'으로 만드는 방법이 있을까? 있다. 일단 환자의 컴 플레인에 '그럴 리가 없다.'라고 생각하지 말고, 일 처리는 매끄러웠는지, 매뉴얼이나 시스템에 문제는 없었는지, 실수한 부분은 없었는지 되짚어 봐야 한다.

나는 전국의 220여 개의 치과 실장님들과 함께 하는 단톡방에서 손에 꼽을 정도로 컴플레인이 심한 병원에 근무한 경험이 있다. 그중 대다수 의 환자분은 나와 원만한 관계가 되었고, 서로 반갑게 맞이하는 사이가 되었다. 심지어 전보다 치과를 더 열심히 다니게 되셨고, '실장님 계신 날 치과 가라고 했다.'며 소개 환자를 보내주시기도 했다. 예약 날이 아닌데도 방문해서 화장품 등 선물을 주고 가시기도 했다. 이렇게 오히려 더 끈끈한 관계를 형성할 수 있었던 이유는 다음과 같은 8가지의 노력이 있었기 때문이다.

먼저 사과한다.

"먼저, 불편 끼쳐 죄송합니다."

사과 후에 상황 파악이나 설명해도 늦지 않는다. 설명이 아무리 앞뒤가 딱딱 맞고, 논리적이라 한들 그것은 첫 번째로 나올 말이 아니다. 환자가 지금 듣고 싶은 말은 그게 아니다. '어쨌든 내가 이거 때문에 잠도 못 자고, 스트레스 받아서 밥도 못 먹고, 일에도 지장 있고, 소중한 반차까지 써가면서 병원에 와야 하는 불편감을 느끼고 있는데 병원에서는 왜 죄송하다고 하지 않는 거지? 처음부터 일 처리를 잘 해줬으면 될 일 아닌가?'라는 생각을 가지고 병원을 방문하는 환자들에게 주야장천 설명한다고 해서 와 닿을 리 없다.

치과에 근무하게 된 지 얼마 안 되었을 때는 죄송한 일이 아닌 거 같은데 죄송하다고 하는 게 이해가 안 됐다. 분명 내 잘못이 아니라, 잘못 이해한 환자 잘못 같은데 내가 왜 이 화를 받아야 하는지 알 수 없었다. 그래서 곧 죽어도 죄송하다고 하지 않았다.

그러나, 지금은 죄송하다고 잘 말한다. 여기서, '죄송하다고 잘한다는 것'은 "죄송해요."라고 무한 반복하며 저자세로 나가는 게 아니라, 불편하게 해 죄송하다고 말함으로써 '이 상황을 해결할 사람이 저예요.'라고 말하는 것이다. 그러니까 '내'가 해결해주겠다고 인식시키고 나와 대화하자고 말을 건네는 것이다.

열심히 환자의 불만을 경청한다.

환자가 보내는 신호를 캐치해야만 한다. 분명 환자의 말속에 여러 가지 힌트가 있다. 행동에서도 그 신호가 보이기 마련이다. 이것들을 무시하고, 그저 환자가 과민 반응한다고 생각하거나, 이해 자체를 하지 못한다면 환자의 불만 사항을 해결했다 한들 내 편으로는 만들지 못할 것이다.

상황 자체가 그냥저냥 일단락되는 것과 완벽하게 뒤집는 것은 완전히 다르다. 환자를 내 편으로 만들고 싶다면, 열심히 환자의 말에 경청하자. 상황을 모면하려고 아무 말이라도 내뱉는 것은 좋은 행동이 아니다. 말이 많아질수록 실수할 가능성은 더욱 커진다는 것을 잊지 말자.

변명하지 않는다.

제대로 듣지 않고, "아니, 그게 아니고~."라는 말이 먼저 나오는 순간 최악으로 치닫는 것은 시간문제이다. 환자의 '병원 경험'과 '병원 지식'이 굉장히 높아졌다. '눈 가리고 아웅 하는' 대응은 최악의 대응이다.

환자 관점 어휘 사용으로 공감대를 형성한다.

환자의 감정을 이해하려면, 환자가 되어보아야 한다. 자꾸 우리 입장에서만 생각해서 말해서는 안 된다. 수액 맞고 며칠이 지났는데도 아파서 병원에 전화를 건 환자에게 "주사 맞은 데는 원래 며칠 아파요. 계속 불편하시면 내원하세요."라고 직원이 대답한다면 환자는 당연하게 '아~ 원래 며칠 아픈 거구나? 내가 유난이었네~ 괜히 전화해서 귀찮게 했지 뭐야~.'라고 생각할까?

그렇지 않다. 오히려 무안을 준 것 같아 썩 유쾌하지 않을 것이다. 그리고 며칠이 지났는데도 똑같이 부기와 통증이 있다면 화로 이어질 것이다. 가뜩이나 아프고, 불편하고, 계속되는 기다림에 기분이 안 좋은데 별다른 설명 없이 방치하는 느낌이 든다면 당연히 컴플레인으로 이어질 수밖에 없다. 그럴 때, 먼저 공감을 해보자.

"(날짜 먼저 확인 후) 3일 정도 지났는데도 아직 부기와 통증이 있으세요~? 에고 불편하시겠어요~. 멍은 이제 곧 4일 차라 조금씩 빠질 거고 통증도 점점 괜찮아지실 거예요~. 금방 괜찮아지시긴 하실 건데, 그래도 지금은 불편하시니까 최대한 그쪽 사용은 피해 주세요. 다음번에 주사 맞으실 때는 체크했다가 봐 드릴게요. 처방해 드린 약이 아직 조금 남았는데, 오늘까지 약 다 드셔보시고, 내일 상태 어떠신지 제가 확인 전화를 드릴게요. 내일도 똑같이 불편하시면, 오시기 번거로우시더라도 한번 방문하셔서 상태 한번 원장님 확인하시는 게 좋을 거 같아요. 만약에 내

일은 좀 호전됐다 하면, 원래 예약 일에 오시면 될 거 같아요."

이렇게 말씀드리면 환자 입장에서는 본인의 상태도 들여다봐 주고, 공감해주고, 대안도 제시했기 때문에 화낼 이유가 없어진다. 오히려 감사하다고 하며 전화를 끊는다.

식당에 가서도 마찬가지다. 북적북적한 점심시간에 가면, '음식이 나오기까지 시간이 좀 걸리겠구나.' 생각은 하지만 그 기다림이 30분 정도의 방치라면 이야기는 달라진다. 주문할 때 메뉴 확인 후, "저희가 ○○○은 원래 평소라면 금방 나오는데, 지금 점심시간이라 주문이 많이 밀려 있어요. 30분 정도 걸릴 거 같은데 괜찮으세요? 너무 많이 기다리시는 거 같으시면, B 메뉴(대안으로 다른 메뉴 추천)는 어떠세요? 이건 금방 나와요."라고 미리 양해를 구하고, 선택지를 제시한다면 컴플레인은 걸리지 않을 것이다. 오히려 '여기는 이래서 장사가 잘되는구나.' 하며 기다리는 그 시간이 기대감으로 이어지게 된다.

정면으로 대하지 않는다.

인내심을 잃고 정면으로 대하는 순간, 컴플레인의 본질은 흐려지게 된다. 환자가 기분 나쁘게 말을 한다고 해도 기분 나쁘게 듣지 않는 것이 중요하다.

물론 매우 어려운 일이다. 나 역시도 심장이 쿵쾅거리며 화가 날 때가 있다. 하지만, 그것을 티 내지 말아야 한다. 욕을 하는 사람에게도 하나

하나 대응할 필요가 없다. 환자와 싸워서 이기고 싶은 마음이 들 때면, 내가 유니폼을 입고 있음을 기억하는 것이 도움이 된다. 정면으로 맞대응하다 보면 환자는 더 격양되고 대화 자체가 되지 않는다.

환자가 하는 말을 잘 들어보면, 무슨 말이 하고 싶은 건지 분명히 보인다. 그것을 캐치하려고 노력하다 보면 나머지 기분 나쁜 말들은 귀에 담지 않아도 될 말들이라는 것을 알게 될 것이다.

천천히 침착한 목소리로 이야기한다.

물론, 환자가 대기실에서 소리를 지르고 삿대질하고 욕을 하고 억지를 부린다면 내 심장이 남아나지 않을 정도로 쿵쾅쿵쾅 대며 온몸이 떨리겠지만 그런데도 최대한 천천히 침착한 목소리로 이야기하는 것이 중요하다.

내 생각과는 달리 울먹이는 목소리가 나올 수도 있고, 사정없이 떨리는 목소리가 나올 수도 있지만 '침착하려고' 노력하는 것이다. 내 페이스를 찾아야 한다. 이 노력은 환자분도 분명하게 알 수 있다.

꽤 많은 컴플레인을 해결하며 단련이 된 나는, 어지간한 일에는 차분하게 이야기할 수 있다. 이것은 별것 아닌 것 같지만, 보기에 굉장히 우아하게 리드하는 것처럼 보인다. 백조도 마찬가지 아닌가. 물 위에서는 고상하게 떠 있지만, 물 아래에서는 열심히 발로 헤엄치고 있는 것처럼, 내 마음이 심란하더라도 그런 티를 내지 않으려고 노력한다면 일 처리를 할 때 좀 더 매끄러워 보일 수 있다.

이 부분은 굉장히 중요하니 페이지를 접어두자. 환자를 응대할 때 꼭 기억해야 할 애티튜드다. 그 상황을 지켜보는 다른 이들에게도 분명 좋은 이미지를 줄 수 있을 것이다. 컴플레인이 벌어진 상황에서는 병원 이미지가 실시간으로 떨어질 수 있다. 하지만, 내가 어떻게 응대하느냐에 따라서 수습할 수 있다 못해 더 좋은 방향으로 나아간다면, 해볼 만한 일 아닐까?

대안을 강구한다.

안 된다고만 생각하지 말고, 여러 가지 방법으로 접근해서 생각 먼저 해보자. 정 해결이 안 될 시에는 '생각하는 척'이라도 해야 한다. 환자의 제안에 곧바로 "그렇게는 안 됩니다."라고 말하지 않는 것이 중요하다. 적어도 그렇게 안 된다고 말할 때는 환자의 상황에 대해 충분히 상의할 시간과 환자를 이해시킬만한 타당한 이유와 다음 차선의 대안이 준비되어야 한다.

그래야 이 상황에 대해 신중하게 고민하고, 최선을 다하고 있음을 어필할 수 있다. 곧바로 환자의 요구를 거절하는 것보다, 시간을 가지고 검토한 뒤 정중하게 다른 제안을 제시하는 것이 병원의 신뢰를 높이고 동의율도 높일 수 있다. 전자의 경우, 본인을 무시한다고 판단하고 억지 싸움으로 가게 될 수 있다. 환불이라든지, 과한 요구사항들이 발생하며 얼굴을 붉힐 수 있으므로 즉각, 즉각 상황을 종결시킬 필요는 없다.

그리고 그 시간 동안에, 다른 대안을 꼭 강구해야 한다. 말로만 처리하는 것이 아니라 근본적으로 해결이 되어야 상황이 종료될 수 있다. 쌍꺼풀 수술이 망했다고 컴플레인을 거는 환자에게 '환불해줄 테니 다른 병원에서 재수술해라.'가 대안이 될 수 없는 것처럼 말이다.

환자와 합의한 대안은 성실히 시행한다.

쌍꺼풀 수술이 짝짝이로 되어서 실패한 거 같다고 컴플레인을 건 환자에게, 우선 수술 후 회복 중이니 부기 제거에 최선을 다해보고 자리를 잡으면 그때 다시 체크하고 필요시 재수술을 해드리겠다고 했다면 그렇게 이행해야 한다.

부기 빠진 이후에 환자는 여전히 짝짝이라고 하는데, 병원 측에서는 "이 정도는 정상 범주다."라며 모르는 체하면 안 된다는 것이다. 단순히 심각한 상황만 모면할 것이 아니라, 환자와 합의한 대안이 있다면 성실히 이행해야 한다.

컴플레인 처리 테크닉도 연습에서 나온다. 어떤 일이든 처음부터 능숙하게 숙달된 것처럼 행동하기란 어렵다. 배우고, 보고, 연습하고, 지적받으며 경험이 쌓이면서 어느덧 자연스럽고 상황에 적절히 대응하는 프로가 되는 것이다. 부족한 부분을 알고 있지만, 변화하고 싶지만 잘되지 않

는 나의 잘못된 습관들을 실습하고 표현해 보면서 용기와 자신감을 얻어
야 한다.

　머릿속에 지식은 많지만 실천되는 행동의 표현이 부족하다면, 멘트를
정하고 연습해 보자. 처음부터 잘하는 사람은 없다.

5

'컴플레인 타임라인'을
그려라

진료 중과 진료 후 일어날 수 있는 일에 대한 사전고지를 함으로써 컴플레인을 예방하는 것이 제일 좋지만, '아차'하는 순간 발생하는 것이 컴플레인이다. 미리 대비하더라도, 이후에 사람이나 환경에 의해 새로 발생하기도 한다. 이때, 어떻게 해결하느냐에 따라 우리 병원에 대한 신뢰도가 결정된다. 이 신뢰도는 환자의 협조도를 좌우한다.

신뢰를 높이는 컴플레인 해결부터 예방까지 타임라인에 따라 3단계로 나누어 함께 살펴보자.

컴플레인 발생 직후

기록과 해결: 나만 알고, 나만 처리할 것이 아니라, 모두와 공유가 되어야 한다. 환자가 한 말이나 내용 등을 최대한 사실 그대로 구체적으로 적어야 한다. 이때 자기 생각을 기록하거나 주관적으로 적게 되면 혼동이 올 수 있으며, 컴플레인이 오히려 악화될 수 있다.

A치과에서 근무했을 때의 일이다. 데스크 코디 선생님이 전화를 받았는데 알고 보니 컴플레인 전화였다. 평소에 잘 대처를 해왔던 터라 믿고 맡겼는데, 점점 환자의 목소리가 커져 내게도 소리치는 것 같았다. 결국, 전화를 바꿔 실장임을 밝히고 통화를 시작했는데 환자의 첫마디는 "아니, 지금 이걸 또 말하라고?"였다. 다행스럽게도 환자분께서 통화하실 때 크게 말씀하셨고, 코디 선생님이 말하는 내용을 유의 깊게 듣고 있었기 때문에 상황 파악은 이미 다 되어 있었다. 두 번 말씀하지 않아도 된다고 차분히 말씀드리고 일을 해결해 드릴 수 있었다.

컴플레인을 해결할 때 한 번이라도 환자 입장에서 생각하게 되면, 사소한 불만들은 진화하며 앞으로 나아갈 수 있다. 사실 컴플레인이 발생하는 순간부터 환자는 우리 병원에 불만이 생긴 것이기 때문에 '별문제' 없었던 것들도 거슬릴 수 있다. 그런 것들이 쌓여 '화'가 되는 것이다. 분명 처음에는 차분히 말했을 것이다. 그걸 우리가 캐치하지 못하고 대수롭지 않게 넘겼고, 그게 쌓여 큰소리가 나게 되는 것이다. 흥분된 상태로 격양되어 컴플레인을 하는 것은 어떠한 오해가 생겼다는 뜻과 같다. 그 오해와 더불어 불을 붙이는 어떠한 부수적인 것들이 분명 존재할 것이다. 그걸 먼저 찾아야 한다. 그렇지 않으면 이야기는 겉돌고, 해결은커녕 더 안 좋은 방향으로 갈 수 있다.

컴플레인 이후

사후관리: 당일 상황 종료로 끝이 아니라, 해피콜과 체크 등 계속되는 관리가 필요하다.

틀니를 맞춘 지 얼마 안 된 환자가 "틀니 해서 밥 좀 먹어보려 했더니, 비싼 돈 주고 한 틀니 아파서 쓰지도 못하고 너무 화나. 자주 오는 것도 짜증 나니까 이거 눌리는 부위 다 없애 줘."라는 컴플레인을 한다면 어떻게 응대해야 할까?

병원의 입장에서 "환자분~ 그게 아니라요, 틀니 하시면 원래 다 불편해요. 그러니까 임플란트하시라니까~ 해달라는 대로 다 못 해 드려요~."라고 말하며 환자의 탓으로 돌린다고 해서 "아 그래? 그러면 임플란트로 바꿀게."라고 하지 않는다. '아 원래 불편하구나.' 하고 받아들이지도 않는다.

그보다 "에고, 많이 불편하시죠~ ○○ 님, 수제화도 내 발에 맞춰서 잘 제작되어도 처음에 신을 때는 딱 맞아서 발가락이라든지 뒤꿈치라든지 복사뼈라든지 불편한 데가 있을 수 있잖아요~ 잇몸도 마찬가지예요. 지금은 조금 아프고 불편하실 수 있어요. 그 아프고 불편한 부위를 조금씩, 조금씩 제거해야지, 한 번에 불편하다고 다 밀어버리고 하면 나중에는 헐렁해서 또 안 맞아요."라고 말하며 아픈 것에 대한 마음을 어루만지고 공감해주어야 한다.

그런 다음에 왜 불편한지, 불편할 수밖에 없는 이유에 관해 설명해 준다. 물론 이 설명이 틀니를 하기 전에도 되어야 한다. 그래야 '변명'이 아닌 '설명'이 된다. 그런 다음 "○○ 님께서 해달라는 대로 다듬어드리는 거는 일도 아닌데~ 한 번에 밀어버려서 헐렁해져서 다시 만들려고 하면 또 ○○ 님 며칠 식사 못 하시고 고생하시니까 저희 조금씩만 노력해 봐요. 제가 최대한 빨리 적응하실 수 있도록 도와드릴게요."라고 함께 해보자고 말한다. 혼자서 하라는 게 아니라 우리 서로 도우면서 잘 쓰실 수 있도록 해보자는 뜻이다. 한배를 탄 파트너가 된 것이다. 이 느낌이 정말 중요한데 환자는 이 말에 잘 적응해 보려고 노력하게 된다. 함께 노력하는 팀이 된 것이다.

틀니는 불편할 수밖에 없다. 환자들은 보통 치과에서 잘 못 만들어줬기 때문이라고 생각한다. 치과 입장에서는 그것이 아니더라도 환자 탓을 하면 안 된다. 잘 몰라서 한 말을 죽기 살기로 덤벼든다고 해결되지 않는다. 그렇기에 틀니 하기 전부터 구강 상태가 계속해서 변화되니 언제든지 불편해질 수 있으며 틀니도 결국 영원한 것이 아님을 인식시켜야 한다.

한번 말했다고 끝이 아니다. 틀니를 제작하러 오는 5번의 만남 때마다 설명해 주고, 틀니가 완성되고 나서는 주의사항과 사용법에 대해 20분 이상 교육해야 한다. 보호자가 함께 왔다면, 함께 설명해 드려야 효과가 좋다. 환자와 보호자는 틀니를 장착한 날부터 잘 씹을 수 있을 거라고 생각한다. 처음엔 적응 기간이 필요해 당연히 불편하고 상처가 날 수 있고 아플 수 있다는 것을 여러 번 주지시켜주어야 한다. 서서히 스며들도록 환자에게 이해시키면, 환자들도 정기검진이나 유상 유지관리에 대해 불만을 느끼지 않고 내원할 수 있게 된다.

최대한 환자분의 마음을 헤아리고, 도움을 드릴 수 있는 부분에서는 도움을 드린다. 있었던 일은 모두 차트에 꼼꼼히 기록하고, 다음날 전화해 어제의 불편한 점은 괜찮으신지 확인한다. 상황에 따라 일주일 뒤나 한 달 뒤에 전화를 드리기도 한다. 전화하기 전 차트를 미리 확인하고 내용을 숙지한 뒤 전화해서 '그때 불편하신 부위는 괜찮으신지?, 새로운 불편감은 없으신지?' 여쭤보며 괜찮다고 하셔도 정기검진을 위해 내원하셔 달라고 말씀드린다.

예방

시스템 개선: 2차 발생이 일어나지 않으려면 근본적으로 해결해야 하는 일들은 체크하고 개선해 나가야 한다. 이를 개선하지 않으면 비슷한

일이 또 발생할 수 있다.

　이전에 근무했던 B치과에서는 수면 치료를 진행했었다. 개원하면서부터 도입했었지만, 개원이 1년이 채 되지 않았던 시점이라서인지 정확한 수면 치료에 대한 상담 매뉴얼이 없어 모두가 수면 치료에 대해 정확히 알지 못했다. 그저 자신이 아는 지식만큼 역량 껏 상담을 했다. 원장님이 진료하시는 부분에는 큰 문제가 없었지만, 수면 치료를 진행하기 전후로의 컴플레인 발생은 피할 수 없었다.

　치과 치료에서의 수면 마취는 전신 마취와 다르다. 치과 수면 마취는 숨을 쉬는 구강 내를 치료하기 때문에, 완전히 수면 상태에서 하지 않고, '반수면' 상태로 진행한다. 약물을 통해 가수면 상태로 만들어 마치 잠을 자는 것처럼 편하게 하고, 진료 중 의식이 있어 의료진과 소통을 할 수 있고, 자가 호흡을 한다. 그래서 '의식하 진정 치료'라고도 한다. 문제는 이 부분이 제대로 설명이 되지 않아서 컴플레인이 자주 일어났다.

　확인해보니 직원은 분명 반수면 상태라고 말했다고 하는데, 환자는 들은 적이 없다고 한다. 알고 보니 '반 수면'이라는 말을 제대로 이해하지 못했다. 단순히 수면 내시경처럼 수면 상태에서 진행한다는 뜻으로 받아들인 것이다.

　이후, 수면 치료에 있어서 가장 중요한 것을 사전 상담으로 두었다. 본인이 복용하고 있는 약들부터 정확하게 체크했고, 진행 과정이 적힌 종이를 드리며 설명해 드렸다. "아, 보호자랑 올 거니까 설명됐어요. 뭐 다 똑같겠지."라며 귀찮아서 상담을 생략하려고 하시는 분이 계시면, "○○ 님의 안전을 위한 일이라 그래요, 조금만 시간 내주세요. 금방 끝내드릴게요~."라며 능청스럽게 말하며 꾸역꾸역 설명을 다 드리고 서명을 받았다. 이후 컴플레인은 급격히 감소했다. 특히, 수면 치료 내용에 대한 혼동이나 주의사항에 관한 컴플레인은 거의 박멸했다.

이 외에도 진료실 직원들은 늘 하던 대로 설명했다고 하지만 실장인 나와, 함께 일하던 데스크 선생님은 매일 같이 시달렸다. 업무에 지장이 계속 생기니 그제야 문제 인식이 되었다.

그때부터 예약을 잡고 나가시는 환자분에게 몇몇 주의사항을 한 번 더 강조해 드렸고, 더블 체크를 했다. 만약, 내가 바빠서 못했다면 데스크 선생님이 확인 후 전화를 드려 당부를 드렸다. 환자분께 드리는 주의사항 종이도 반복되는 컴플레인 내용을 정리해서 다시 만들었다. 그리고 진료실에서 꼭 일차적으로 주의사항 종이를 보여드리며 환자분에게 설명할 수 있도록 했다. 바쁜 병원에서 한 명, 한 명 붙잡아서 설명해 드리기는 쉽지 않다. 그런데도 굳이 시간을 내어 설명할 수 있도록 환경을 만들어 근본적인 것을 바꾸었다. 그 결과 환자를 좀 더 잘 케어하는 병원의 이미지를 구축할 수 있게 되었다.

환자 입장에서는 모든 것에 확신이 없고, 본인의 몸에서 벌어지는 일에 대해 당황스러움과 걱정이 생길 수밖에 없다. 이럴 때 우리가 '그거 원래 그래요.'라고 말하는 것은 환자에게 유난 떨지 말라고 하는 것과 같다. 그 말을 들은 환자 입장에서는 "그럼 처음부터 그렇게 말해주던가."라고 답할 수밖에 없다.

이미 설명했더라도, 정신없는 상황 속에서 낯선 단어를 말해주면 얼마든지 잊어버릴 수도 있다. 한숨부터 쉬지 말고 생각부터 하자. 이 컴플레인 속에서 불편감을 찾고, 해결해주는 것이 먼저다. 그리고, 다시 이 경험을 하지 않도록 처리해 주면 이제야 정말 '해결 완료'다.

마지막으로, 당부하고 싶은 말이 있다. 컴플레인을 하는 사람의 감정을 내 감정에 이입시키지 말자. 모욕적인 말들이나 욕설로 기분을 상하게 할 때, '저 환자가 나를 향해서 하는 게 아니라, 나에게 감정이 있는 게 아니라, 상황이나 진료 또는 시스템에 불만이 있는 것'이기 때문에 문제점을 찾고 개선하는 것에 의의를 두고 일 처리를 해야 한다. 이 글을 읽는 독자들도 스스로 감정을 소모하며 상처받지 않기를 바란다.

상담가에게 감정 컨트롤은 중요하다. 컴플레인 상황에 계속 시달리게 되면, 많은 실장님과 상담가들은 '분노'와 '체념'의 반복 수렁에 빠진다. 이렇게 되면, 웃어넘길 수 있는 상황에도 분노하게 되고, 별것 아닌 상황에도 해결하지 않고 체념하게 된다. 하지만, 우리는 한발 더 나아가 '개선'으로 향해야 한다. 고통을 감내하며 살지 말자. 사람과 환경이 우리에게 맞추는 시스템을 만들어보자.

TIP. 컴플레인 대처 방법 꿀팁

1. '○○ 님'으로 성함 불러드리기.

환자분, 아버님, 어머님이라고 하는 것보다 ○○ 님이라고 친근하게 호칭했을 때 컴플레인이 좀 더 빠르게 해결되었다.

2. '그렇구나' 필터 적용하기.

환자는 직원에게 짜증 내지만, 그 '짜증 난 상황'은 직원이 만든 게 아니라는 것을 환자도 알고 있다. 그냥 짜증 나니까 퍼붓는 것이다. 마찬가지로 우리도 그냥 그 상황을 '그렇구나. 그럴 수 있구나.'라고 생각하고 넘기자. 스스로 스트레스를 부가시키지 말자. 환자에게도 "맞아요. 그럴 수 있어요."라고 말하며 공감의 말을 전하자.

3. 별것 아닌 것도 다 기록하기.

재차 확인하면서 기록하는 것을 환자분께 은연중에 어필하면 말하는 것을 가려가면서 하게 된다. 기록은 중요하다. 바로바로 기록해야 나중에 '이런 뉘앙스로 말했어'와 같은 주관적인 글이 난무하지 않는다. 최대한 사실적으로 실제 말한 단어와 대화를 그대로 기록하는 게 좋다. 추후 법적 분쟁으로 번질 경우, 큰 증거자료가 된다.

6

컴플레인 사후관리로
우리 병원 찐 환자 만들기

컴플레인이 발생했고, 해결되었으면 끝일까? 바로 앞장에서 얘기한 것처럼 끝까지 책임지는 자세가 필요하다.

병원 진료 보신 환자분들도 리콜하며 '환자 관리'를 하는 것처럼, 컴플레인에도 '사후관리'가 중요하다. 컴플레인이 발생하는 순간 신뢰가 깨질 수도 있지만, 컴플레인을 해결한 후에도 신뢰는 깨질 수 있다. 그렇다면 어떻게 해야, 컴플레인이 발생한 환자와 얼굴을 붉히지 않고 더 좋은 방향으로 나아갈 수 있을까? 대면 컴플레인일 때와 전화상 컴플레인일 때를 구분해서 알아보자.

[대면 컴플레인]

대기시간 컴플레인

병원에서 가장 많이 받는 컴플레인 중 하나가 바로 '대기시간 발생'일 것이다. 무분별한 접수로 진료 시간이 길어지거나 예약 스케줄 관리가 제대로 되지 않아 꼬이기도 한다. 충분히 예상시간을 잘 잡았다 하더라도 갑작스레 일어난 돌발 사건으로 미뤄지기도 한다.

나는 예약관리를 하는 치과에만 근무했다. 예약했음에도 대기시간이 발생하여 컴플레인의 빈도가 높았던 병원은 몇 가지 특징이 있었다. 첫 번째는 원장님이 환자에게 "편하실 때 오세요."라고 말을 하는 경우였고, 두 번째는 실제 예약한 진료 외의 다른 진료를 당일 진행해서 체어 타임이 길어지는 경우였다.

세 번째는 예약 시간을 지키지 않고 방문하는 환자 때문에 밀리는 경우였다. 이런 환자들은 미리 연락 없이 한두 시간을 일찍 오거나, 늦게 오거나 혹은 임의로 날짜를 앞당기거나 뒤로 밀어 본인 편한 날에 오기도 한다.

일찍 오는 것이 무슨 문제냐고 하실 수 있지만, 접수되는 순간 상황은 달라질 수 있다. 병원에 일찍 오는 것 자체가 일찍 치료하고 일찍 귀가하고 싶은 마음에서 비롯된 경우가 많다. 이때 치료를 먼저 들어가게 된다면 스케줄이 꼬여서 다른 예약 환자가 많이 기다리는 상황이 발생하기도 한다. 예약한 환자가 많이 기다리게 되는 경우, 꼭 하는 말이 있다.

"이렇게 기다리게 할 거면서 대체 예약은 왜 하는 거야?"

바빠 보이는 병원 상황을 보며 이해하는 환자들도 있지만, 자신도 바쁜 와중에 방문한 환자라면 이야기는 달라진다. 물론 바쁘지 않더라도 대기시간이 발생하는 것 자체가 불쾌할 수 있다. 모든 사람에게 시간은 소중하니까.

환자의 시간을 소중하게 생각하는 마음으로 접근해보자. 환자들은 '미리' 상황에 관해 설명하면 대부분 이해해준다. 하지만 방치하게 되면 화를 불러일으키게 된다. 일부러 예약까지 했고, 예상 진료 시간도 확인했고, 반차 내고 온 거라 다시 회사에 복귀하거나 다음 약속이 있는 등의 스케줄이 있는데 아무 설명 없이 30분 이상 방치되었다고 생각해보자. 당연히 화가 날 수밖에 없다. 더 최악의 상황은 결국 진료를 받지도 못하고 미루거나 취소를 해야 하는 상황이다. 이 경우 병원의 응대에 따라 병원 문을 나가 영영 돌아오지 않을 수 있다.

내원하는 환자가 많아 어쩔 수 없이 매번 대기시간이 발생하는 병원에서 근무한다면, 미리 환자에게 양해를 구하는 것이 좋다. 나의 경우에는 다음과 같은 상황에서 미리 안내하고 있다.

(1) 예약 잡아드릴 때

예약을 미리 잡아드리면서 약간의 대기시간이 발생할 수 있다고 양해를 구한다. 이때, 막연하게 기다리게 하는 것이 아닌, 이유를 설명해 드리면 효과가 좋다. "○○ 님, 0월 0일 0 요일 0시로 예약 도와드릴게요. 원장님께서 워낙 진료를 꼼꼼히 보시기 때문에 약간의 대기시간 발생하실 수 있어요. 최대한 진료 예약 시간에 맞춰 진료 들어가실 수 있도록 신경 써드릴게요. 그날 뵙겠습니다." 이렇게 설명을 해드렸는데 환자분이 대기시간 발생 '가능성' 조차도 싫은 기색이 보인다면, "혹시 바로 진료를 원하시면, 오전 첫 시간인 9시 30분 예약 또는 오후 첫 시간 2시인 날로 예약을 잡아드리겠습니다."라고 덧붙인다.

만약 환자가 원하는 시간대가 중복되는 경우, "당일 상황에 따라 조금씩은 대기시간이 발생할 수 있는데 괜찮으신가요?", "앞 타임 진료가(수술 등) 오래 걸리는 진료라 약간의 대기시간이 발생하실 수 있는데 괜찮으신가요?"라고 환자에게 '기다릴 수 있는 상황'에 대해 언급 드리고, 이후 "혹시 나가셔야 하는 시간이 있으시나요? 최대한 대기시간을 최소화해서 불편함 없으시도록 하겠습니다."라고 말하며 신경 써서 미리 체크한다.

(2) 당일 스케줄로 대기시간 발생이 예상될 때

– 예약 시간보다 '일찍' 오신 환자분께: "안녕하세요, ○○ 님. 0시 예약이신데(예약 시간 확인해드리기) 조금 일찍 오셨네요? 안에 상황 확인하고 준비되면 호명해 드리겠습니다. 잠시만 앉아 계세요."

– 예약 시간보다 '늦게' 오신 환자분께: "안녕하세요, ○○ 님. 0시 예약이신데(예약 시간 확인해드리기) 기다리다 먼저 오신 예약 환자분 들어가셨어요. 시간이 약간 걸리는 거라, 조금 기다려주셔야 될 것 같아요. 조금만 기다려주시면 금방 안내해 드리겠습니다."

– 예약 시간에 맞춰 왔지만, 대기 지연된 환자분께: "○○ 님 0시 예약해주셨는데 기다리게 해드려 정말 죄송합니다. 저희 원장님께서 워낙 진료를 꼼꼼하게 봐주시다 보니 조금 딜레이가 됐습니다. 최대한 빨리 들어가실 수 있도록 제가 체크하고 있으니 조금만 기다려주세요. 정말 죄송합니다."

여기서 중요한 것은, '당신의 예약을 내가 알고 있다.'라는 것이다. 환자가 눈치껏 마냥 기다리게 하지 말고 먼저 다가가서 안내한다면 컴플레인을 미리 예방할 수 있다. 대기시간 발생 가능성이 예상되어 신경 썼음에도 어쩔 수 없는 상황에 컴플레인 상황이 일어나게 되었고, 당일 상황이 종결되었더라도 차트에 기록해 두자.

예를 들어, '2시 예약이신데 40분 대기시간 발생' 또는, '1시간가량의 대기시간으로 컴플레인 발생' 등 당시 상황과 함께 메모를 기록하는 것이다.

그래서 이후에 약속을 잡아드릴 때 밀리지 않을 시간으로 일정을 안내하거나, 우선순위에 두는 것이다. 또한, "지난번에 많이 기다리게 해드려서 죄송해요. 이번에는 기다리시지 않도록 제가 좀 더 신경 써드릴게요. O일 O시에 오시면 바로 진료 들어가실 수 있도록 해드릴 수 있을 거 같은데, 시간은 어떠세요? 괜찮으시면 이때 뵐게요."라며 지난번에 느꼈을 불편감을 '만회할 기회'를 얻는다. 이 멘트 하나로 센스 있고 능력 있는 직원이 되는 것은 덤이다.

진료 관련 컴플레인

환자가 당장은 불쾌한 상태로 대기실로 나오셨다고 하더라도, 데스크에서 어떤 응대를 하고 어떤 사후관리를 하느냐에 따라 컴플레인 해결이 판가름 나기도 한다. 컴플레인 환자가 이미 짜증남과 불쾌함으로 병원에 대한 신뢰도가 떨어졌다면 단기간에 고객 만족까지 이어지기 어렵지만, 적어도 다시 방문했을 때 서로 얼굴 붉히지 않도록 대처에 힘을 써야 한다.

이때 내가 제일 중요하게 생각하는 것은, 환자의 '정확한 상태'와 '현재 불편감' 그리고 '환자의 마음' 이 세 가지다. 이 부분이 파악되지 않고, 귀가하게 되는 경우 컴플레인이 쉽게 해결되지 않을 수 있고, 그 사이에 마음이 상할 수 있다. 최대한 침착하게 사과를 먼저 하고 대화를 시도하고, 변명을 최우선으로 하는 말은 일절 하지 않는다. 처음에는 저항이 있을 수 있으니 환자가 대답하기 쉬운 질문부터 한다. 눈치 없는 질문을 하거나, 원래 그럴 수 있는 일이라며 간단한 일로 치부한다면 환자가 마음의 문을 닫을 수 있으니 주의하자. '환자 입장에서는 그럴 수 있다.'라는 마음으로 듣고 질문한다.

질문을 통해 환자가 본인의 상태를 인지하게 되는 경우도 있다. 생각하며 답변을 하게 되니 병원의 입장을 먼저 이해해주기도 한다. 환자가 이 정도의 사고가 되는 상태가 되면 대화는 훨씬 수월해진다. 이후 대안을 제시하고 환자분의 마음이 더는 불편하지 않도록 가벼운 주제의 이야기로 넘어간다. 응대 끝마무리는 무겁지 않되, 정중해야 한다. 또한, 어떠한 약속을 했다면 이행할 수 있도록 최선을 다해야 한다.

나는 이런 경우, 증상에 따라 다음 날(혹은 일주일 뒤) 증상 체크 또는 안부 차 전화를 드리겠다고 먼저 말씀드린다. 편하신 시간을 여쭤본 뒤 체크했다가 그 시간에 전화를 드린다. 시간을 언급하지 않고 막연히 "내일 전화드릴게요."라고 하면, 환자는 기다릴 수도 있다. 간혹 왜 전화 안 하냐고 환자가 먼저 전화를 하는 경우가 발생할 수 있다.

전화해서도 "괜찮으세요?" 하고 간단하게 확인하고 끊지 않는다. 이전에 느끼셨던 불편감에 대해서도 체크하고, 지금은 괜찮으신지 새롭게 불편하신 부분은 없는지 세심하게 체크한다. 이후 전화 통화가 필요하다고 판단되는 경우 말씀드리고, 한 번 더 전화를 드린다. 환자가 먼저 '이런 건 괜찮나요?'라고 질문하기 전에, 체크해서 확인하고 여러 질문을 통해 신경 쓰고 있다는 것을 확인시켜드린다.

처음 불평불만은 사라지고 어느 순간 '이렇게 꼼꼼하게 체크하고 있으니 안심해도 좋습니다.'라고 긍정으로 다가온다.

[비대면 컴플레인]

전화 컴플레인은 비대면 컴플레인 중 가능 높은 비중을 차지하고 있다. 일부 영수증 리뷰에 컴플레인을 작성하는 것을 제외하면, 대부분이라고 할 수 있다.

환자의 입장에서 데스크는 '콜센터'일지도 모른다. 아파서, 무서워서, 혹은 당장 화가 나서 병원에 전화하는 건데 본인 이야기를 듣지도 않고 대충 대답하는 것 같거나, 신경을 안 써주는 듯한 느낌을 받으면 환자 입장에서는 불만이 생길 수밖에 없다. 심지어 비대면 상태이기 때문에 환자는 직원의 얼굴을 마주하고 있는 것보다 더 빨리 화를 내게 된다. 전화 컴플레인 시에도 앞서 말한 컴플레인 해결 4단계 프로세스를 도입해 응대한다.

병원이나 회사는 자아실현을 하는 곳이 아니다. 나는 이 병원에 소속된 직원임을 잊지 말아야 한다. 적어도 유니폼을 입고 있는 그 순간에는 말이다. 직원인 '내가' 죄송한 마음이 들지 않는다고 해서 환자에게 기 싸움을 할 명분이 생기는 것이 아니다. 전화 너머 환자의 목소리가 짜증 섞인 목소리거나, 화가 담겨있더라도 그 감정에 동요되지 말자.

전화 컴플레인 환자 응대		
process	행동안	대화문
불만 고객 처리 4원칙	사과	★먼저 사과한다.★ "불편을 끼쳐 죄송합니다."
	적극적 경청	틀린 주장에 대해서도 인내하며 경청한다. (절대 논쟁하지 않음)
	처리 또는 대안 제시	최선의 해결책을 제안하고 응할 시 신속히 실 행한다. 불만 고객에 대한 해결이 어려울 때 는 상급자에게(실장 또는 원장)에게 응대를 요청한다.
	사과와 감사 인사	끝인사와 함께 다시 한번 사과한다.
원장과 통화 원하는 환자	PT: "원장 바꿔요."	(정중하게) "실례지만 어떤 문제인지 여쭤봐 도 괜찮으시겠습니까?"
	PT: "아 됐고, 원장 바꾸라니까?"	"죄송합니다. 원장님께서 현재 진료 중/부재 중이셔서 바로 통화연결이 어렵습니다. 어떤 문제인지 알려주시면 빠르게 처리할 수 있도 록 하겠습니다. 전화번호와 성함 남겨주시면 확인 후 연락드리겠습니다."
내용인계가 안 될 경우	정확하게 알지 못하거나, 스스로 판단하기 어려운 경우	"죄송합니다. 제가 대답해 드릴 수 없는 사항 이라 확인 후 바로 연락드리겠습니다." "죄송합니다. 제가 대답해 드릴 수 없는 사항 이라 담당자/실장님/원장님 연결해 드리겠습 니다."

*즉시 컴플레인 처리가 어려운 경우에는 ★내용과 용건을 파악한 후★ 상급자에게 전달한다.

컴플레인 전화 받을 때 Tip

1. 이야기가 너무 길어질 것 같으면, 바로 처리하지 말고 양해를 구하고

"담당자 확인 후에 바로 다시 전화 드리겠습니다." 또는

"원장님께 내용 전달 후 바로 전달 드리겠습니다." 시간 확보하기.

2. 이후, 콜백 (Call Back)의 경우

"혹시 지금 전화 통화 가능하신가요?"

"지금 전화 받기 편하세요?"

"늦게 전화드려 죄송합니다."

"바쁘신데 전화 주셔서 감사합니다." 등 정중하게 표현하기.

3. 환자분께서 먼저 끊으신 다음, 3초 정도 후에 전화 끊기

"안 그래도 내가 실장님께는 따로 전화 드리려고 했어요."

"실장님이 죄송할 건 없죠."

"아휴, 실장님께 내가 다 죄송하네요."

"신경 써주셔서 감사해요. 죄송해요, 실장님."

"실장님께서 설명해 주셔서 다 이해됐어요. 친절하게 말씀해 주셔서 감사해요."

"앞으로도 잘 부탁드릴게요, 실장님."

컴플레인을 거셨던 환자분들이 어떻게 되려 내게 죄송하다고 하고, 감사하다고 인사를 하게 되는 걸까?

컴플레인 해결에서 중요한 것은 '내가 당신을 특별하게 케어하고 있어요.'라는 느낌이 들도록, 환자가 알아챌 수 있게끔 사후관리를 꼼꼼하게 하는 것이다. 환자와의 관계성이 계속 특별하게 이어지는 것처럼 말이다. 이처럼 꼼꼼하게 케어해주는 병원은 환자의 기억에 오래 남을 수밖에 없다.

이 방법으로 나는 컴플레인 환자를 우리 병원의 찐 환자로 만들었고, 내 편으로 만들 수 있었다. 어려운 것은 없다. '좀 더 환자에게 진심으로 다가가는 것.' 이 마음 하나면 번거로운 일이 아닌 꼭 해드리고 싶은 일이 되고, 모든 행동에 의미가 부여된다. 우리 병원의 찐 환자를 만들고 싶다면 꺼진 불도 다시 보자.

7

우리병원 맞춤 컴플레인 예방
시스템 구축하기

병원에 컴플레인 상황 발생 시, 상황이 더 커지지 않고 무사히 종결시키는 직원이라면 '이미 잘하고 있는 직원'이다. 여기서 그치지 않고, '다음'과 '다른' 컴플레인을 위한 대책을 세우는 직원이라면 '훌륭한 직원'이다.

많은 사람이 말한다. 컴플레인이 생긴 후에 하는 말은 변명이라고. 맞다. 정말 그게 사실이더라도, 옳은 말만 하더라도 환자 입장에서는 결국 '변명'으로 밖에 느껴지지 않는다. 그렇기에 우리는 계속해서 시스템을 점검하고, 구축해 나가야 한다. 작은 오해가 컴플레인으로 이어지고 신뢰를 무너뜨리기 때문이다.

　병원에서 일어나는 컴플레인이라는 것이, 늘 진료 적인 문제만 발생하는 것은 아니다. 가볍고 사소해 눈치 채지 못하고 지나쳐 보낸 것들로도 컴플레인이 걸릴 수 있다. 예를 들면, 비 오는 날의 우산 분실이나, 호칭 문제 등이 있다.

　비 오는 날이면, 큰 우산 통을 자동문 옆에 둔다. 큰 병원을 제외하면, 거의 모든 의원급에서는 우산을 진료실 안으로 가져가지 않고 문 옆에 우산을 둘 것이다. 겹치는 우산이 없다면 다행이지만, 간혹 투명 우산이라든지 비슷한 우산을 가져올 때는 우산을 잘못 가져가시는 경우가 발생한다.

　K 치과에서 근무할 때의 일이다. 비가 올 때마다 우산이 바뀌는 일이 발생했다. 환자들 모두 헤프닝이라고 생각하고 "내 우산이 아니네? 내 거가 더 새 건데. 투명 우산이라 똑같아 보이니까 누가 가져갔나 봐요. 나 그냥 이거 가져가요~?"라며 가볍게 말씀하시곤 귀가하셨다. 그러나 그러지 못한 경우도 더러 있었다. 그러면 잠깐 계시라고 하고 동 시간대에 오셨던 환자분들에게 전화를 걸어 우산의 소지를 파악했다. 다행히도 화를 내시거나 불편한 기색을 보이시는 분들이 없었고 치과에 보관해주시면 다음번 내원 때 가져가시겠다고 해서 상황이 원활하게 해결된 것들이 대다수였다.

문제는 이런 상황들 때문에 다른 환자 응대에 피해를 준다는 것이다. 바로 상담해야 하거나 환자분이 요청하신 업무를 해결해야 하는데, 우산 문제로 전화를 돌리다 보면 응대에 차질이 생기기도 한다. 비가 올 때마다 이럴 수는 없을 노릇이었다. 큰 소란 없이 일은 잘 해결되었지만, 처음부터 우산이 바뀌는 일이 생기지 않으면 더 좋은 일이 아닌가.

처음에는 안내표지를 생각했다. '우산 분실의 위험이 있습니다. 가져가실 때, 본인의 우산인지 꼭 확인 부탁드려요.'라는 문구를 출력해 우산꽂이 위에 부착하려 했다. 업체에서 받은 '잠깐! 우산 챙기셨나요?'라는 팻말보다 나아 보여 출력물을 부착하려고 했지만, 결국 내가 좀 더 부지런해지기로 했다. 나는 평소에 환자가 문을 열고 방문하면 일어나서 인사하는 것으로 맞이한다. 비 오는 날에는 인사말에 우산꽂이 위치를 안내하고 우산을 눈여겨봤다. 우산 손잡이에 포스트잇으로 성함을 쓰고 떨어지지 않도록 스카치테이프로 고정해뒀다. 그리고 우산의 특징을 차트에 적어뒀다. 진료 받고 나가실 때는 차트에 적어둔 것을 보고 "○○ 님 성함 쓰인 투명 우산 챙겨가세요~."라고 덧붙였다. 번거로울 수 있는 일이지만 환자들은 이 행동에 고마움을 느끼기도 했고, 따뜻함을 느끼기도 했다. '세심한 배려가 있는 병원'은 환자들에게 좋은 인상을 남길 수 있다.

병원에서의 호칭 문제는 사실 어디 병원에서나 있는 일이다. 2~30대의 환자에게는 '어머님'과 '아버님'과 같은 호칭으로 부르지 않겠지만, 간혹 40대 환자분에게 어머님이나 아버님이라고 호명해 불쾌감을 주는 경우도 있다. 만약 환자가 결혼해서 아이가 있다면 이미 어린이집이나, 아이와 관련된 곳에서 수없이 어머님과 아버님이라는 호칭을 들었기 때문에 대수롭지 않게 여기는 경우도 있지만, 간혹 그렇지 않은 경우도 있다. 호칭에 기분이 썩 좋지 않아도, 그냥 그런가 보다 하고 넘어가는 경우도 많이 있지만, 기분이 이미 언짢은 상태에서 듣게 되면 상황은 달라진다.

D치과에서 있었던 일이다. 원장님 사모님 소개로 병원에 오게 된 환자분이셨는데 VIP 케어를 원하셨다. 그럴 뿐만 아니라 비용적인 부분에서도 서비스를 계속 원하셨는데, 어느 정도 수준이 되자 원장님께서도 어려워하셨다. 그 당시 팀장이었던 나는, 최대한 말로, 행동으로 잘 대해드리고 그날의 치료비용 수납을 받았다. 왜 비용이 발생했는지도 분명히 잘 설명해 드려서 환자분도 알겠다고 했고, 나도 "다음번에 오시면 특별히 제가 또 신경 써서 봐 드릴게요."라며 배웅까지 해드렸다. 기분 좋게 귀가하시고는 주변인들에게 여러 의견과 참견을 받으셨는지 전화로 컴플레인을 걸었다. '여기서 치료한 거니까 끝까지 책임져야지. 왜 계속 돈을 내?'라는 내용이었다.

실장님과 나는 똑같이 설명했는데, 갑자기 그 환자분이 실장님께 화를 내는 게 아닌가? 이유는 실장님이 환자분에게 '어머님'이라고 했기 때문이었다. "내가 댁 어머니도 아닌데 왜 어머님 소리를 들어야 해요? 내가 어머님 소리를 들을 나이예요?"라며 점점 화를 내기 시작하셨다. 사실 40대도 아니고 60대에 가까운 연세이셨기 때문에 어머님이라는 호칭을 많이 들어보셨을 텐데도 그것을 문제 삼아 컴플레인을 거셨다. 속마음은 '특별대우'였을 텐데, 그렇게 해주지 않아 서운하셨다. 아마도 ○○○ 님이나 사모님이나 사장님 같은 특별 호칭을 원했을 것이다. 처음부터 이 부분을 알아차리고 달래주었다면 전화 컴플레인도 좋게 해결되었을 것이다. 화를 내며 전화를 끊은 환자분은 분이 안 풀렸는지, 사모님께도 전화해 직원 교육 똑바로 하라고 이야기하셨다고 한다.

원장님은 딱히 별말씀하지 않으셨지만, 호칭에 대해 신경을 쓰기로 했다. 얼마 지나지 않아 원래 실장님이 그만두고, 내가 실장이 되었을 때, 환자분의 호칭은 모두 '○○ 님'으로 부르기로 했다. 이와 동시에 소아 환자에게도 반말하지 않고, 존댓말을 하기로 했다. 이 일을 계기로 나는 어디 병원에서 근무하던지 '○○ 님'이라고 부르고 있다.

물만 먹어도 살이 찐다는 사람들은, 물 대신에 무엇을 물처럼 먹고 있는지 확인해 봐야 한다고 한다. 지속해서 컴플레인이 걸리는 병원은 무엇이 컴플레인을 불러일으키는지 확인해 봐야 한다. 지금껏 아무 일 없이 잘 넘어갔다고 해서 오늘도, 내일도 그러리라는 보장은 없다. 시야를 넓혀보자.

세상에 사소한 것은 없을지도 모른다. 나의 오만한 마음으로 환자에게 다가가지 않도록, 나의 사소한 행동이 환자의 큰 불편감이나 불쾌감이 되지 않도록 신경 쓰다 보면, 자연스럽게 저절로 우리 병원의 맞춤 컴플레인 시스템이 구축될 것이다.

5. 컴플레인 환자를 내 편으로 만드는 8가지 방법

1. 먼저 사과한다.

"먼저, 불편 끼쳐 죄송합니다." 사과 후에 상황 파악이나 설명해도 늦지 않는다.

2. 열심히 환자의 불만을 경청한다.

환자의 말속에 여러 가지 힌트가 있다.

3. 변명부터 하지 않는다.

4. 환자 관점 어휘 사용으로 공감대를 형성한다.

환자의 감정을 이해하려면, 환자가 되어보아야 한다. 자꾸 우리 상황에서만 생각해서 말해서는 안 된다.

5. 정면으로 대하지 않는다.

인내심을 잃고 정면으로 대하는 순간, 컴플레인의 본질은 흐려지게 된다.

6. 천천히 침착한 목소리로 이야기한다.

7. 대안을 강구한다.

안 된다고만 생각하지 말고, 여러 가지 방법으로 접근해서 생각 먼저 해보자.

8. 환자와 합의한 대안은 성실히 시행한다.

9. 발생 가능성이 있는 일에 대해서는 반드시 '사전고지'를 하여 예견된 컴플레인을 방지한다.

제일 중요한 것은 같은 컴플레인이 또다시 반복되지 않도록 해야 한다는 것이다. 컴플레인 응대 시, 기계적이고 누구에게나 하는 똑같은 응대의 느낌이 들지 않도록 주의한다.

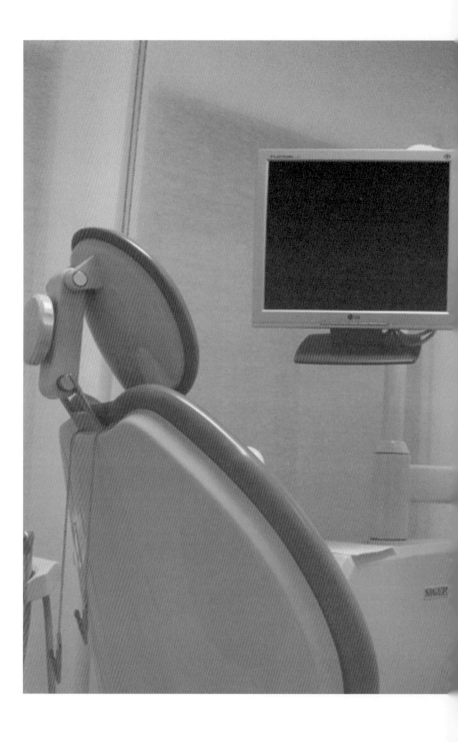

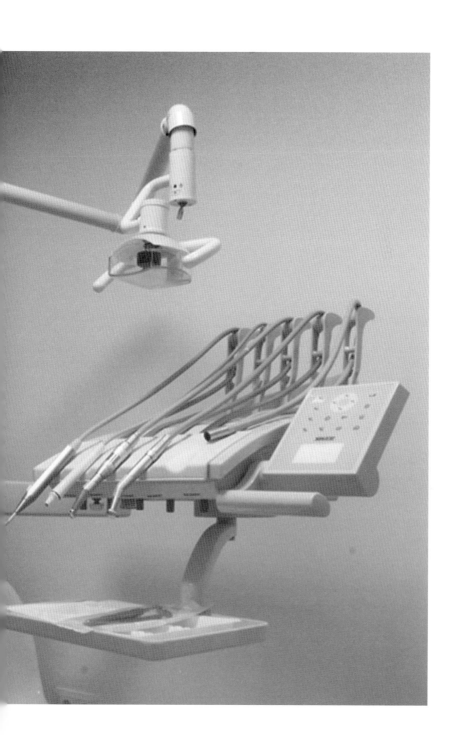

에필로그

스스로의 품위를
높여라

"여기 치과 문 연 지 얼마나 됐어? 2년? 얼마 안 됐네."

"내가 여기서 평생을 산 토박이야. 내 말 한마디면 여기 문 닫는 건 시
간문제지. 저기 옆에 ○○치과 알지? 거기도 문 닫았잖아. 그거 내가 소
문내서 그런 거야."

R○○ 님. 4년이 지난 아직도 그 환자의 이름이 기억난다. 환자분은

50대의 남성분으로 180 이상의 큰 키와 풍채를 지녔는데, 그 위압감 때문에 처음 상담할 때부터 쉽지 않았다. 이미 여러 군데에서 치료비용 상담을 받고 온 터라 견적에 민감한 환자였다. 엄청난 후려치기로 개원 이래 역대급 할인율인 15% 할인을 해드렸다. 임플란트 수술 당일 반대편 상담도 원하신다고 하셔서 수술 부위에 마취 먼저하고 상담실로 안내했다.

환자분은 상담 중에 내가 실수하기만을 기대했다. 그래서 계속 금액을 일부러 잘못 말한다거나, 설명했던 것들을 거꾸로 다시 말하게 하거나, 본인만의 기준으로 금액을 계산했다. 나는 환자분에게 기가 정말 많이 빨리면서도 주도권을 빼앗기지 않으려고 했다.

환자분은 15%의 할인이 된 금액에서 추가 비용을 더했고, 거기다 또 15% 할인을 자체적으로 했다. 그래서 나는 '원금액에서 15% 할인을 해드리는 게 맞지, 이미 15% 할인된 금액에서 또 15%를 해드리긴 어렵다.'라고 말했다. "아니! 그게 무슨 말이야?" 환자분은 버럭 화를 내셨다.

정말 무서웠다. 환자분이 손을 뻗으면 닿을 거리에 앉아 있었다 보니 한 대 맞을 것만 같았다. 정말 많이 놀랐지만, 나는 대화를 이어 나가려고 노력했다. 환자분의 주장을 끊지 않고 다 들어주었으며, 오해가 있을 법한 부분에 대해서는 차근차근 설명드렸다.

환자분은 자기 뜻대로 되지 않아 답답했는지 대화 도중 상담실을 나가

버렸다. 진료실에 있던 짐들을 챙기며, 다른 환자를 보고 계신 원장님께 큰소리로 이렇게 말했다. "원장님, 정말 죄송합니다. 제가 원장님 실력 하나 믿고 여기서 하려고 했는데. 실장님 때문에 안 되겠습니다. 돈 장난 치는 것도 아니고. 실장님 때문에 저 여기서 안 하는 거니까 그렇게 아십 쇼."

그 상황이 너무나도 토할 것 같았다. 듣고 있을 다른 환자분과, 직원들, 원장님은 나를 어떻게 생각할까 아찔했다.

그것도 잠시, 그 상황에만 심취되어 있지 않고 환자분을 끝까지 배웅해드렸다. 환자분이 상담했던 내용들 하나도 빠짐없이 다 적어서 달라고 하길래 덜덜 떨리는 손으로 정리해서 드리며, "마음 불편하게 해드려서 죄송합니다. 치료계획서와 비용이 적힌 상담지를 드릴게요. 한번 읽어봐 주시고, 이해 안 되시는 부분이 있다면 연락해주세요. 적힌 대로 다시 계산해 보시면 아시겠지만, 전체 치료 금액의 15% 이상의 할인율이 적용됐고, 이렇게까지 신경 써서 해드린 분은 ○○ 님이 처음이에요. 저는 한 점 부끄러움 없고, ○○ 님께 돈 장난 친 적도 없습니다. 부디 노여움 푸세요."라고 말했다.

목소리와 몸이 떨려왔지만 할 말은 했다. 전후 사정을 들은 원장님께 서는 그냥 환불해주라며, 내 편을 들어주셨지만, 마음이 편치 않았다. 게 다가, 진정이 되지 않은 상태에서 아무렇지 않게 다음 업무를 해야 했다. 한숨을 돌릴 틈도 없이, 큰 소란이 있었을 당시 원장님께 검진 받고 계시던 A환자분의 상담을 이어서 해야만 했다. 직전의 상황 때문에 약간 위축되어 있었지만, 소란스럽게 해 죄송하단 인사말을 시작으로 상담을 시작했다. 점점 페이스를 찾아갔고, 환자분께서는 믿고 상담 내용대로 진행하시기로 했다.

몇 시간 후 R 환자분께 전화가 왔다. "실장님, 죄송합니다. 제가 오해했네요. 집에 가서 아내에게 상황 설명하고, 주신 상담지 같이 한 번 봤는데, 아내가 실장님께 사과하라고 하네요. 실장님께서 말씀하신 대로 진행하겠습니다. 마음에 담아두지 마시고 치료해주세요. 원장님께도 전달해주시고요."

원장님께서는 내게 껄끄러우면 에둘러서 거절하라고 했지만, 나는 그러지 않았다. 그리고, 다음번에 환자가 병원에 왔을 때 감정은 배제하고 서로 얼굴 붉히지 않도록 노력했다. 처음에는 눈치를 보시며 어색해하다가 곧 살가워지셨다. 꼬박꼬박 최 실장님이라고 부르며, 대우해주셨다.

그때까지 나는 '나의 품위'에 대하여 한 번도 생각해본 적이 없었다. 그날, 중심을 잃지 않고 최선을 다했기 때문에 엉망진창인 상황에서도 끝까지 품위를 유지할 수 있었다고 생각한다. 나는 이날을 기점으로 크게 성장할 수 있었다.

'나의 품위를 높여 품격 있는 상담을 해보는 건 어떨까?'

품위가 있다는 건 열린 마음을 가져야 하고, 자신의 신념대로 살아가는 것. 원치 않더라도 남의 말을 들을 준비가 되어 있어야 하고, 사소한 논쟁을 피할 줄 아는 것. 자신이 한 말을 지키며, 언제나 존중을 표하는 것.

병원에 방문하는 환자들에게, 우리 원장님에게, 우리 직원에게, 그리고 스스로에게. 품위 있는 사람이 되어보자. 결국 상담을 하는 '나' 자신이, 품위를 지킬 수 있는 사람이어야 품격 있는 상담을 할 수 있다.